最後一張王牌

——

尋求靈魂的現代人

傅佩榮——著

目錄

contents

第二章:人生是荒謬的嗎?

第三章：尋找真正的信仰

第四章：最後一張王牌

對話／

217

誰的未來是夢呢

新版序

尋求靈魂的現代人

只要生活模式固定下來，日復一日按著規律往前走，就有幾分機器人的模樣；接著，年復一年，不知不覺就退休成為老人家了。如果沒有一套經由自己「好學、深思、力行」而領悟的人生觀，那麼我們現代人與機器人又有什麼差別呢？

人，畢竟不是機器，因為他有心智。這個心智會要求自己反省：所知道的是真的嗎？所感受的是美的嗎？所選擇的是善的嗎？「真、善、美」是價值，而人生正是實現價值的歷程。這個道理不容易說清楚，就算說清楚也顯得很抽象。還是舉個例子吧！

大地震過後，一家工廠全垮。老闆趕來善後，面對數百名驚魂未定的員工，他只是問一句話：「有沒有人受傷啊？」聽到員工回報「沒有」，他說：「很好，很好。」他完全沒有提到工廠的損失。結果員工士氣大振，一起投入重建工作。這位老闆能有如此的修為與表現，其祕訣何在？

很簡單，因為他讀過《論語．鄉黨》中的一章，並且在關鍵時刻應用出來。原文只有十二個字：「廄焚，子退朝，曰：傷人乎？不問馬。」孔子在魯國為官五年期間，有一天下朝回家，家人向他報告馬廄失火了，他立即詢問：「有人受傷嗎？」他完全沒有問及馬的損傷。

馬在古代是貴重的資產，但是再怎麼貴重，也不能與人相提並論。這就是一種價值觀。其中彰顯的人文主義與人道精神，無疑代表了普世價值。這是個大原則。建立了這一類大原則，關於人生何去何從的問題，就不難落實了。這也是《孟子．告子上》所謂的「先立乎其大者，則其小者不能奪也。」在選擇人生觀時，先確立重要的原則，瑣碎的枝節就無法取而代之了。

回到現代的場景。我們享有各種自由，很快就發現自由是一把雙刃的劍：我可以「自由」選擇，但必須為自己的選擇「負責」。「負責」的壓力往往勝過「自由」的誘惑，於是許多人在有意無意中選擇了「逃避自由」，按照「別人這麼說」、「大家這麼做」、「廣告這麼宣傳」、「報紙這麼描述」來安排自己的生活。大勢所趨，現代人茫茫然地跟著旋轉，已經面臨了關鍵時刻，必須停下來想一想：我是誰？我在哪裡？我要去哪裡？人生有何意義？如何實現生命的價值？

這些問題並沒有現成的、客觀的、標準的答案。對每一個人而言，這些並非問題，而是奧祕。所謂奧祕，就是「不能被解決」，而只能「與它一起生活」。但是，仍然有一事是我們可以做並且必須做的，那就是進行真誠的、深刻的、周全的思考。在思考的過程中，也許那屬於個人所獨有的答案會露出端倪。所謂「尋求靈魂」，所尋求的不正是那獨一無二的真正自我嗎？

我曾以「最後一張王牌」為主軸，進行個人的思想之旅，並發表四場環環相扣的演講。講稿修訂出版成書，引起不少回響。事隔二十多年，為了再版此書，我用了不少心力潤飾原書，使它文從字順，說理更為透澈。我在校訂時，特別喜歡各講的「問與答」部分。那是現場聽眾的即席提問，我再作直接的回答。離開當時的場景，我恐怕不易說得那麼真摯與暢快。比起中年時的急切與銳氣，我現在自覺老成與穩重多了，但是思想的基調是一貫的。

我在本書中所介紹的儒家與道家，只是吉光片羽或淺嘗即止，現在的讀者可以從我對這兩家經典所作的各種解讀與詮釋，找到原文的全部資料，並享用其中的無盡資源。時光荏苒，我長期以來所做的是「教學、研究、寫作、演講」，這四件工作環繞一個共同的核心，就是「哲學」。哲學的要求是：培養智慧，發現真理，印證價值。只要稍有心得，就願與人分享，期望由「自證慧」走向「共命慧」。

傅佩榮

寫於二〇一六年十一月十一日

自序
最後一張王牌

我們向人生要求什麼？越是處在承平的時代，這個問題越難回答；因為國家與社會暫時維持穩定的局面，民族與文化即使仍有危機，也不是立即而明顯的。個人縱有滿腔豪情，卻不易找到投訴的對象；眼看歲月奔逝如流水，卻只能徒呼奈何。然而，作為一個人，就算注定了無法擺脫生老病死的過程，我們還是可以探問：如何才不虛度此生？如何使人生更有價值？

合理的答案，來自恰當的了解。面對像「人生」這種奧祕，只能借助比喻了。我們熟知的有「人生如旅程」，以及「人生如戲劇」。旅程預設了終點，好像死亡之後仍有不同的境界，因此較為宗教人士所喜愛；戲劇則遷就舞台，要在此世盡情施展生命的潛力，等到曲終人散，也無從計較是夢是真了。這兩種比喻各有所見，細心的人卻仍想知道：如何選擇正確的途徑？又如何表演得淋漓盡致？

在此，我們可以加上一個比喻：「人生如牌局」。每個人手上都有一副牌，牌的大小與好壞未必人人相同，但是成功的機會卻完全相同，都是要「自己」去安排。事實上，一個人若是真正認識自己，進而充實自己，不斷超越自己，他手上的王牌自然越來越多，得勝的機率也隨之提高。就算不談膚淺的人間競爭，他也會感受自我實現的無比喜悅。

具體而言，人生處境可以分為三類：一是針對事物而產生的，二是涉及他人而出現的，三是面對自己所體認的。一切外在事物，從自然現象到社會環境，都可以透過主體的知識與能力去了解及掌握，不然至少可以做到「安時而處順」，不再自尋煩惱。

他人與自我所構成的人間世界，比萬花筒還要繁複多變，窮達順逆難以預料，恩怨離合更是無常。這個時候，唯有「誠」之一字是光明大道，簡直可以說是「一誠解千惑」了。至於自己所體認的處境，則需要依賴決心或堅強的意志。西方近代哲人特重意志：叔本華倡言「生存之意志」，尼采高呼「奮鬥之意志」，威廉詹姆士肯定「信仰之意志」，馬塞爾則傾心於「創造之意志」。合而觀之，個人若能矢志於生存、奮鬥、信仰及創造，一切問題自然迎刃而解。

如果人生需要王牌，那麼每個人都可以當下自求，從知、情、意出發，培養高深的知識，發揮真摯的情感，並且確立凝鍊的意志，然後人生之旅必將是踏實而愉快的。這個道理看來淺顯，真要說清楚，並不容易。筆者在台灣大學所講的「哲學與人生」一課，就是試圖從學理的角度，闡明此中曲折。

由於洪建全基金會文經學苑的邀請，我特地從講課的材料中，選擇四項主題在「豐富人生」系列講座中，公開發表。這些主題依序為：一、人生的悲劇與喜劇，二、人生是荒謬的嗎？三、尋找真正的信仰，四、最後一張王牌。我將自己這些年來念書及思考的心得，以口語的方式表現於這四講中了。基金會接著又整理錄音講稿及現場問答，經大致修訂後，集為本書，取名為「最後一張王牌」。從書名可以得知我對本書所投注的心血與關愛，並且在短期之內，我不可能再以通俗文字寫出如此連貫的想法了。此時身在西德，心思較為單純，但是混合著懷鄉與祝福的情緒則日益加深，這種情緒或許是永遠無法化解的……。

傅佩榮

一九八九年中秋於西德石鎮

第一章：人生的悲劇與喜劇

「人生的悲劇與喜劇」，這樣的題材，對任何時代、任何地方的人，都是有意義的。今天要談的角度，是從人類文化的發展中，選擇兩個重要的代表，就是希臘悲劇與道家思想做為反省的線索。

生命的原始要求

首先我們要問，一個人是如何構成的？人的生命有什麼原始的要求？就這一點來看，我們可以輕易發現，人類在世界上存在的過程，就像一個孩子慢慢成長的過程一樣。我們都曾經是孩子，什麼時候我們可以說一個孩子成長了呢？當這個孩子站起來，對他的父母說：「為什麼我要做這個，做那個？」而不完全依照父母的指示來行動的時候，我們知道這個孩子長大了，他可以去思考自己要怎麼做了。

從自我肯定到整體和諧

同樣的，生命的原始要求，第一步就是自我肯定。但是自我肯定馬上帶來一個嚴重的危機，一旦肯定了自我，就發現有許多非自我存在。我與別人不一樣，固然是一種肯定、一種成就；但是，我跟別人又是怎麼樣的關係呢？我們之間如何維持一種適當的關係？如何使大家和諧共存呢？這立即成為一個很大的問題。如果你不肯定自我，不能成為一個人；而肯定之後，又造成分裂、造成對立、造成矛盾，甚至造成痛苦，造成不安。這是我們首先要思考的。

人類也是一樣。

人類一旦發現自己是「人」的時候，也面臨跟整體不能和諧，產生嚴重的破裂與對立的情形。在這個時候，他的第一個辦法就是使用理性，因為人是有理性的動物。

自我的能力和限制

人的自我肯定，需要經由意識與理性的作用，肯定自己是自己而不是別人。在此我們發現，理性有它的能力，也有它的限制。理性的能力是什麼？是使用各種概念，去掌握這個變化的世界。世界充滿變化，沒有任何一剎那是停止的，在這個剎那生滅變化的過程裡面，我們會覺得猶疑不決，覺得恐懼不安。因為所謂變化，就是不知道下一刻會變成什麼樣子。

這個時候理性可以發揮作用，使用抽象的方式，讓這個世界停止下來截取某一靜態的側面，把它的本質掌握住，說這是山，那是河，好像山河從來不會變化一樣。甚至說，這是人、這是我，好像人與我也都不曾變更一樣。但是使用理性經過抽象作用所得的概念，我們所掌握的還是世界的本身嗎？還是生命的本身嗎？這顯然是很大的問題。

我們知道，如果用理性掌握一切的話，最後會發現，所掌握的是一個結構、一個枯燥的架子、一個概念的系統而已，裡面缺乏活活潑潑的生命！人類在面對這樣的情況之下，怎麼辦？這是我們今天探討問題的出發點。

和諧之內在困境

進一步來看，整體的和諧是最愉快的情形。當我們離開母親的懷抱，進入世界，走遍千山萬水，經歷事業上的成就與失敗之後，我們所希望的是統一的、和諧的境界。

如果現在可以回到心靈的家鄉，那是人生莫大的愉快。什麼是心靈的家鄉呢？這是很好的問題。原來人類與大自然有一種臍帶式的關係，聯繫在一起，構成一個整體，因此和諧就包括我們與大自然的和諧，我們與社會人群的和諧，甚至我們與超自然的和諧。

但是這一類和諧又會帶來一種困境。如果我們與社會太過於和諧，則馬上變成一個社會人，完全接受社會所要塑造我們的形態。這樣的一個人，恐怕已經喪失了自我！

我們如果與大自然完全和諧，也可能變成所謂的植物人，甚至礦物人！在大自然裡面，植物與礦物顯然比我們快樂，因為它們沒有痛苦的可能。

再進一步來看，我們如果與鬼神過於和諧，恐怕將會淪為鬼神的玩偶，任何事情都不能自己作主，任何事情都要去求神問卜。在這種情況之下，和諧有什麼意義呢？這種和諧對人來說，恐怕代價過於高昂，使他必須放棄自我肯定。

所以我們首先要明白：在生命的原始要求裡面，一方面你要自我肯定，由此知道自己是一個人，有建構人的價值世界的可能。因為假如沒有自我意識的話，你就沒有自由，沒有自由就沒有選擇，沒有選擇就沒有價值呈現的可能，也就沒有屬於你的價值世界。

從知識、道德、愛情、藝術到宗教，都屬於人類所建構的價值世界。但是，一旦有了自我肯定之後，所要努力的就是重新再回到整體，與整體產生和諧的關係！這種兩難的情況，怎麼去面對呢？

悲劇不可避免嗎？

人的存在是一個奧祕。關於這個奧祕，悲劇與喜劇提供我們重要的思考線索。我們首先要說明悲與喜這兩種情感。人活在世界上難免有悲與喜的時候，簡單說來就是：對一個目的或一樣目標，得之則喜，失之則悲。這就是悲與喜的情感。

但是這樣的情感，在日常生活裡面出現的時候，我們往往會覺得無聊，為什麼？因為任何一種悲喜的出現，都要看三個條件：第一、我有主觀的欲望，第二、我有客觀的目的，第三、結果是否達成，由此造成情感上的波動。

我們可以進一步分析當我主觀上有一種欲望的時候，我會發現，欲望固然很好，它是我生存發展的動力，但是欲望太多的話，我的喜悅總是很難長久維持。得到一樣東西之後，又希望另外一樣東西；欲望越多，最後結局一定是悲的，因為你不能擁有全世界，即使擁有了全世界，恐怕也還會出現別的困境。

其次，是目的或目標的問題。目標可以在外，也可以在內。外在的目標比較容易達成，但是競爭非常慘烈，因為目標本身具有互斥性，會互相排斥。當我有一個欲望要設法滿足的時候，一定同時設定一個目標，這個目標還沒達成之前，就不能設定別的目標。這個時候應該如何選擇呢？選擇一個機會，等於放棄其他一切機會。放棄那麼多機會，你捨得嗎？你到底是得到了？還是失去了？

得與失之間，往往很難衡量。有的是先得後失，有的是先失後得，有的是得到之後，最後發現原來我是失去了。然後情感上造成的情況是悲喜交集。

人活在世界上，很少有不悲喜交集的。這是對於悲與喜這兩個語詞，所作的簡單說明。然後我們要直接扣緊今天的題目，談「什麼是悲劇？」

悲劇是一種戲劇，戲劇屬於藝術，任何藝術都是要透過審美情感的引發，產生主體的一種感受境界。我們在此所談的悲劇不是一般的戲劇，而是指在希臘時代出現的，所謂希臘悲劇。

任何戲劇，都有幾個基本條件，譬如：它必須有一個完整的故事與情節，必須有幾個人物在裡面表演，然後有主要的思想，以及場景、旋律等。任何一個故事，大致不外乎以下四種結果：第一、好人得到好的報應，第二、壞人得到壞的報應，這兩種算是悲劇嗎？顯然不是，這兩種叫做道德劇，看了以後你會覺得善有善報，惡有惡報，跟老師父母的教訓一樣。

第三種就比較麻煩了，好人得到壞的報應。我們看了，會覺得非常難過，非常不平。第四種則是壞人得到了好的報應，有沒有這樣的戲劇呢？也有，看了之後，會使我們覺得非常憤怒。所以，就劇中的人物與情節來看的時候，這四種具體表現，都不屬於悲劇，都不是希臘人所要表現的悲劇。這四種戲劇在人間所引發的情感，是一般世俗的情感。有時候覺得道德上可以交代，有時候覺得很愉快，或是很憤怒，或是很不解，如此而已。戲劇與人生有一段距離，這些戲劇不是人生真正的寫照，這是我們首先要說明的。

以希臘悲劇為典型

什麼是悲劇呢？悲劇的情節是：一個人並沒有做什麼太壞的事，只是由於某種機緣，或是由於認識不夠清楚，而做了一件很可怕的事，得到了一種悲慘的結果，這就構成一齣悲劇的題材。具代表性的就是希臘時代的悲劇。因此，我要稍微進入到文獻裡面，簡單介紹什麼是希臘悲劇，到底有哪些代表作。

希臘有三大悲劇家，第一位是愛斯奇勒士（Aeschylus），第二位是索佛克里士（Sophocles），第三位是歐里披底士（Euripides）。

愛斯奇勒士寫了《普羅米修斯》（*Prometheus*）。普羅米修斯用泥和水造了人之後，到天上去盜火，因為人類沒有火，就不能夠生存，因此他去把火偷來，使人類可以活下去，但是也因而觸怒了諸神。天神宙斯（Zeus）很生氣，決定懲罰他，就把他綁在高加索山上，讓老鷹每天來吃他的肝臟。麻煩在於他不會死，肝臟被吃掉了，第二天又長出來。老鷹再來吃，於是他要永遠受這樣的苦。這部悲劇經過三部曲：盜火的、被綁的，以及被解放的普羅米修斯。

它說明什麼？生命雖然繼續存在，像普羅米修斯一樣，但是有生命就有痛苦。這是希臘悲劇要說明的。生命與痛苦是不能分離的。這個訊息使我們覺得震撼。

關於這一點，希臘神話有一段可以補充說明。就是希臘神話裡面提到的麥達斯王（King Midas）。麥達斯王就是有名的點石成金的國王，最後把自己女兒也點成金，使他後悔不已。

麥達斯王想要知道人生的祕密，就到處去追尋，他遇到一個半人半獸的森林之神，就問他一個問題：「你要回答我，什麼是人類最大的善？對人類來說，什麼是最好的事情？」這個神原先不願意回答，拖到最後沒有辦法，只好回答說：「你們人類實在是愚蠢，何必知道這個答案呢，你一定要知道的話，我只好告訴你了。告訴你一些你最不想知道的事情。對人類來說，最好的事情，莫過於不要出生；萬一已經出生了，怎麼辦呢？最好是早點死掉！」

這個希臘神話所表達的訊息說明什麼？說明生命本身是一個相當痛苦的過程，為什麼會痛苦？原因有許多，其中之一，就是生命是欲望的實現過程，有欲望就代表他還沒有滿足，滿足了就不叫欲望。而生命的本質，似乎就是欲望不斷的呈現，滿足了之後，又有新的欲望出來，結果這一生就永遠在努力滿足無限的欲望。欲望在沒有滿足以前是痛苦的，滿足之後呢，又有新的欲望出現。

第一位希臘悲劇家所寫的悲劇，主旨是要強調生命的本質就是痛苦，但是這樣的悲劇，沒有太大的張力，不夠凸顯兩種力量之間的衝突！

第二位悲劇家是最有代表性的，叫做索佛克里士，他寫的悲劇就是《伊底帕斯王》（*Oedipus the King*）。伊底帕斯王的故事我們比較熟悉，不過還是值得大概敘述一下。伊底帕斯的父親與母親，是提比斯城的國王與王后，他誕生的時候，就有預言說這個孩子將來會犯下驚天動地的大罪，會弒父娶母。國王聽了當然非常驚駭，馬上派人把他帶到森林裡面殺掉。僕人把他帶到森林之後，不忍心殺這個孩子。此時有另外一個叫做科林斯的城邦，這國王的僕人正好到森林裡面來，碰到他之後說：「我們的國王與王后一直沒有小孩，很希望有一個兒子，你既然要殺這個小孩，倒不如送給我算了。」於是科林斯城的僕人就把這小孩抱回去科林斯城當王子，把他撫養長大。

王子長大以後又有預言隨著他轉，又有人跟他說：「小心，你會犯下滔天之罪，會弒父娶母。」這個時候伊底帕斯已經長大了，聽到這樣的話非常憤怒，他說：「我絕不做這種事情。」於是他決定要離開科林斯的家鄉，離開他養父母的家鄉，因為他以為那是他的親父母。

他往哪裡走呢？往提比斯城走。走著走著，在一個三岔路口，迎面一輛馬車飛馳過來，眼看就要撞到他，伊底帕斯憑他的身強體壯，把馬上打下來的鞭子抓住，一拳揮過去，就把馬車上一位中年人打死了。這時一個僕人逃走，伊底帕斯覺得莫名其妙，心想：「一輛馬車衝過來，差點撞到我，我是為了自衛才動手的。」他沒有想到別的問題，繼續往前走，接近提比斯城門的時候，他發現，原來整座城都被封鎖了，城門口山坡上有一隻怪獸，叫做斯芬克斯（Sphinx），這隻怪獸是人面獅身，配上老鷹的翅膀，站在山坡上問一個問題，經過的人若不能回答，就要被牠吃掉，假如回答正確的話，斯芬克斯就會死掉。

牠的問題是：「有哪一種動物早上四隻腳，中午兩隻腳，晚上三隻腳。」這個問題我們現在都會回答！但當時沒有人知道，只有男主角伊底帕斯知道。伊底帕斯聽過問題之後，回答說：「答案就是人類。當小孩生下來的時候，是用四隻手腳在地上爬，長大以後就像我們現在，是兩隻腳走路，等到年老的時候需要拐杖，就變成三隻腳了。」

斯芬克斯聽到這個回答，立即羞怒而死。牠一死，全城歡呼，因為提比斯城已經被圍困了一段時間，國王跑出去請救兵，但一直沒有回來。僕人回來說，國王被一個陌生男子打死了。城裡的人就說：「誰要是能解決我們這個城的困難，就讓他當新的國王，同時我們的皇后就嫁給這個新的國王好了。」在這樣陰錯陽差之中，伊底帕斯當了提比斯的國王，娶了他的母親，又生了兩男兩女。如此一來，造成了預言驗證的悲劇。這是誰的責任？人沒有辦法承受這樣的責任。接著，在伊底帕斯的治理下，國泰民安，過了幾年之後，城裡發生瘟疫。

希臘人碰到這一類大的災難，首先就要去問神，到底怎麼回事？是誰犯的錯？伊底帕斯王下令嚴格追查「到底是誰犯的錯？」查到之後一定嚴辦，絕不寬貸。然後追查的線索轉向「是誰殺死了前任國王？」如果知道是誰殺了他，就會知道現在這整個患難的原因。

查到最後，把以前逃走的那個僕人找出來，那個僕人不敢講。大家對他說：「你講，沒有問題，我們給你安全上的保障。」最後他說：「那個肇禍者就是我們現在的國王，他殺了我們以前的國王。」大家聽了之後就再把以前最早把小孩丟到山上去的那個僕人，也找出來。僕人說小孩身上有個記號，就是腳後跟有個刀疤，當場指出來之後，果然是真的。結果證明了伊底帕斯弒父娶母的預言。他真的做了以前預言家所預言的事情。

當雅典人聚集在大劇場中，觀賞伊底帕斯王上演的這一幕，每一個人在心中都不斷地狂喊：「不要，不要，不要！」但是命運卻絲毫無法更改。

相形之下我們中國人很有辦法，當我們看電視連續劇時，如果看到一個劇情不合我們意思，就會寫信去給編劇，「不要，不要！」他馬上就會改編劇本。這就是中國人可愛的地方，也是可惜的地方，因為我們不能承受悲劇。

但結果是，悲劇照樣上演，所有的人都說No，它還是Yes！為什麼？因為要聽從的不是人的意願，而是命運的指令。我們一般以為演戲的主角是人，錯了，希臘悲劇的主角不是人，而是命運，命運在背後主宰一切，不論你是帝王將相或販夫走卒，都不能逃出它的擺布。這樣的一齣戲劇表演之後，會有什麼樣的效果？這一點稍後再談。

從歐里披底士開始，悲劇逐漸轉向喜劇，後來使得希臘悲劇中斷了。歐氏的天才極高，但已經懂得迎合世俗的需要了。他所寫的一齣戲劇，叫做《依昂》（*Ion*）。內容滿有趣的，我想簡單敘述一下。

有一個漂亮的女子，叫做克蕾烏莎，這個女子與阿波羅神私通，生了一個小孩，叫做依昂。生下之後把小孩丟給阿波羅神就跑掉了。阿波羅是神，就把這小孩帶到供奉祂的戴爾菲神殿，交給女祭司去撫養。

後來，克蕾烏莎結婚了，幾年之後一直沒有小孩，他們夫婦就到戴爾菲神殿去禱告，希望能有一個小孩。當克蕾烏莎在裡面祈求的時候，他的先生在外面看到了一個小孩，叫做依昂，與他談得很愉快。結果呢，克蕾烏莎出來時，看到他的先生跟一個漂亮的小孩談得很愉快，就猜想，這個小孩是不是他先生的私生子？一個人自己犯了什麼錯之後，就特別容易以什麼錯來衡量別人！這一點在古代已經表現出來了。於是這個媽媽就發了狠心，想既然是你跟別人的私生子，我就要殺了他。她就弄了一杯水，加了毒，要給依昂喝。結果女祭司把水潑一點在地上祭奠，鴿子飛來，喝了立刻死掉。陰謀暴露，原來克蕾烏莎要毒死依昂。為什麼要毒死他？你跟他無冤無仇啊？這個時候女祭司出來了，她說：「你不要搞錯了，依昂是你自己的小孩啊！不是你先生的小孩，現在事情已經過去，你們可以回家了。」

這叫做快樂的結局。任何快樂的結局出來之後，就沒有悲劇可言了，雖然過程驚險，許多地方很懸疑，但最後是一個快樂的結局，一家人高高興興地回去。母子團聚是很好的事情，但是從此以後希臘悲劇衰落了！

面對共同的命運

為什麼我們強調悲劇呢？應該有特別的理由。悲劇對於人類，具有非常特殊的意義。現在做進一步說明。人活在世界上，受到時空的限制，只能住在一個小地方，活一段有限的時間，接觸一些簡單的人、地、事、物，有一些小小的利害衝突，小小的恩怨。然後心裡記得很清楚，以為我就是專門對付這個人的，或專門去應付某一件事情的，結果人的生命就變得很狹隘，沒有什麼大的氣象，好像人生下來就是瑣瑣碎碎的，做一些小事情，過幾十年平凡的生活，最後是難免一死，如此而已。

事實上，未必如此，因為人類有一個共同的命運，這共同的命運是什麼？針對這一點，我們可以從希臘悲劇裡面尋找答案。希臘悲劇面對命運，所要激發的是人的兩種情感，第一種是憐憫，第二種是恐懼。

什麼是憐憫？我們平常生活在自己的小圈子裡面，不懂得同情別人，更不會憐憫別人。譬如說我們每天看電視，電視上播出各種天災人禍，第一次看到的時候，可能激動得掉眼淚。但久而久之我們覺得淚也流過了，並且流了好幾次，哪有天天掉眼淚的呢？漸漸就變得麻木不仁了！因為看多了習慣了，就把情感隱藏起來，不再敏銳了！這個時候，面對命運的話，情況會改變。怎麼改變？當一個人面對某種重大苦難的時候，他就會放棄自私自利的心，不再以自己做為思考及衡量的單位，不再計較個人的成敗得失，而要思考整個人類的命運，這就是希臘悲劇所造成的第一個效果。

我們也許有過這樣的心理經驗，譬如在街上走路的時候，碰到一個人偷東西，搶皮包，大家喊打通通追過去，立刻把他制服，我們覺得這個人實在不算什麼。若是你在報紙上，看到一個人拿衝鋒槍，打死幾十個人的時候，你就會駭然警惕，覺得很害怕，因為這個人犯的罪惡太大了，不是你所能夠壓制的。因此，有些莫名其妙的人就說：「要做就要做大壞事，讓人們嚇一跳。」做小壞事，別人會說：「那算什麼本事呢？」

我舉這個例子是要說明，命運帶給人的無可比擬的震撼，我們在平日生活中不容易同情別人，除非有一天發現了人類共同的命運，原來別人與我是同胞，我們是同類，我們都有一樣的命運，這時我才會同情別人。

所以真正的憐憫不只是我去同情他，而是我希望跟他一起承受這樣的苦難，因為他並沒有犯下多大的錯誤，卻須承受那麼大的災難，所以如果我不跟他一起承受災難的話，我就有共同謀害他的嫌疑。

當我們觀看電視的時候，看到一個人受到了很大的災難，都會覺得希望分擔一點，如果我們冷眼旁觀，不動感情的話，就好像是我加害他似的！希臘悲劇正有這樣的效果。因此，所有的人在觀看的時候都希望它的後續事件不要發生，不要發生，而最後照樣發生了。發生的時候，只能希望我跟他一起承受這些痛苦！如何承受呢？回家之後，痛哭流涕一場，重新做人！重新發現鄰居與同胞的可愛。我們平常與鄰居，與全市同胞生活在一起，在交通堵車的時候，塞車走不動的時候，下雨的時候，真是心煩，看到誰都煩、都討厭。經過悲劇的警示，就會發現，只要是人都很可愛，你獨自在森林裡面住過幾年的話，一旦看到人，會覺得自己十分幸福。

我在美國念書的時候，聽到有人講中文，心情就非常愉快，不管他們從哪裡來。那麼為什麼我們現在對於身邊講中文的人，感覺不耐煩呢？有時候還感覺別人的中文腔調很難聽、很不順耳！

憐憫與恐懼

希臘悲劇帶你進入一種特別的情況，直接面對命運的壓力，這個時候你不再以個人為單位，而以人類為單位來考慮問題，這是第一步。此時產生一種憐憫的心，願意跟他人一起承受苦難。

第二步更重要，就是引發恐懼，什麼是恐懼？真正的恐懼是沒有對象的。有一陣子流行演一些殭屍片、鬼電影，這種電影的恐懼指數不高，譬如《暫時停止呼吸》，我只要不呼吸，就沒事了，這個東西就在我前面，它不會從別的地方突然冒出來。這種電影是針對人類淺顯的害怕心理，是一種比較低俗的藝術成就。

第二種讓我們恐懼的是什麼？我們看過《異形》，在太空裡面，有一些異形怪物，比殭屍恐怖多了，它可以忽然間變得好大，又不知道從哪裡冒出來，它不會預告：「我要來了」，忽然之間就從太空艙裡面冒出來。不過它畢竟還有形體，這個形體在那邊的時候，就不在這邊。你只要知道它開始從什麼地方出現之後，就有辦法應付它了，然而更可怕的是什麼？是《大法師》。

對於《大法師》裡面的那個惡魔，人實在是一點辦法都沒有。它無形無象，在任何地方都可能出現，這個時候，恐懼達到頂點。

命運跟《大法師》裡面所表現的方式相當類似，無形無象，你不知道它什麼時候會出現，當你以為自己很幸福的時候，命運的手就伸過來了。當你以為很不幸的時候，忽然之間又像中了彩券一樣。換句話說，很多時候你都活在一種猶疑不安的狀況裡，這時你要問的是：「我到底要怎麼樣活下去？」

人如果只是追求活著的話，很簡單。我們知道，自古以來，固然很多地方有人餓死，但這往往是人類自己造成的罪惡，如果人類不製造這些罪惡的話，一般來說我們光要這樣活著，並不是很難的事。但重要的不是活著，而是要了解「為什麼活著？」在這個時候，恐懼就是另一種重要的情感。關於恐懼，我們要注意三個步驟。第一，任何一齣悲劇，古代希臘也好，近代歐洲也好，它的主角一定是一個放大的人物，譬如帝王將相，古代如此，近代也一樣。譬如莎士比亞的四大戲劇：《哈姆雷特》、《李爾王》、《馬克白》、《奧賽羅》，主角都是屬於帝王之家的人物。這構成悲劇的一個條件，就是任何東西都要放大，體型上放大，衝擊上放大，以便使人的情感、人的行動、人的結局，以一種放大鏡的方式，在我們面前呈現出來。

的確，我們欣賞悲劇的時候，發現主角是一個農夫，譬如這個農夫在田裡耕田，忽然被一塊石頭打到，死掉了。這有什麼悲劇性？這可能成為鬧劇，因為一個農夫死了，頂多是他那一家人很難過，這個田沒有人耕了，如此而已。但是，當一個事件，發生在帝王將相的身上的時候，他一個人的際遇，攸關著整個國家、整個民族，甚至整個人類的安危。所以他才可以成為一齣戲劇的主角。

造成恐懼的結果及其理由，就是一切都是放大的。在這個放大的架構前面，人感覺到被壓制、被威脅，覺得很迷惑、很徬徨，因為個人是很渺小的，而在戲劇裡面出現的人都是那麼偉大的。若是連那麼偉大的人都不能抵抗命運一絲一毫，那更何況我呢！我是一個平凡的人，小小的老百姓啊！

所以一個人在欣賞悲劇的時候，首先看到的是龐然大物，人類世界一種放大的表現；第二步是發現到自己的卑微；但是，如果就此停止的話，這個戲劇根本不是我們所要的，因為它只能使我們覺得人生沒有什麼價值，沒有什麼意義。

我們奮鬥一輩子，有何目的？譬如說，我定下這一生的目標是要賺一千萬，但是有些人已經賺了好幾個一千萬，他早就達成我的目標了，這麼看來，好像我的生命沒有什麼存在的必要，只不過重複做一些別人早已做到或不屑於再做的一些事情。但這只是第二步而已。如果沒有經過這種壓制的話，就不會進到第三步。

第三步是指人的生命能量，經過挑戰而重新迸發出來。內在的生命能量，為什麼需要激發與鼓勵呢？因為悲劇裡面承受命運的主角雖然比我偉大，但他也是一個人。我很渺小，沒有機會承受那麼大的考驗，但我也是一個人。他一個人承受這種壓力，而我在同情、憐憫時，希望跟他一起受難，在這個過程裡面，就使得我跟他同化為一了。

戲劇的作用，引發審美的情操，就是主客之間的差別被融化了，以至於我跟劇中主角合為一人。因此，透過他，我整個人的生命得到無限的提升，這是希臘悲劇的真正效果。

我們在欣賞悲劇時，絕對不會說：「哎喲！這個悲劇很可怕，我很擔心自己變成伊底帕斯。」放心，你絕對不會變成伊底帕斯，因為你是身家非常清楚的，你不用擔心。你說：「哎喲！我看了很害怕，很恐懼，因為我擔心自己變成普羅米修斯。」事實上，你沒有機會變成普羅米修斯，你也不用擔心老鷹來吃你的肝臟。換句話說，我們欣賞悲劇的時候，絕不是害怕發生這種事情，而是透過悲劇的接引，使我的生命經過擴大、經過壓制，再重新站起來，體驗到一種價值感，知道我是一個人。這樣一個人，雖然生活在卑微的世界裡，但是，做為一個人的潛力，居然可以像某某主角一樣，起來向命運抗爭。

所以悲劇到最後，就會使你在過程裡面的憐憫和恐懼得到清洗，好像心靈洗了澡一樣，這種感覺是很實在的，如果你真的欣賞過一齣戲劇的話，心靈洗過澡之後的感覺，可用一句話來說：「風停雨息，清華滿天。」這樣的一種心靈境界，可以說回到人類出生時那種圓滿自在、充滿動力的時候，你可以重新面對任何挑戰，生命裡面任何困境都無法束縛你。

希臘悲劇為什麼重要？在希臘最初是神話時代，其特色是用神話來解釋人生的意義。譬如人類社會出現各種戰爭，人與人之間有各種複雜的情感問題。這是怎麼回事？這是因為神明世界發生過這些事。所以希臘神話裡面的眾多神明，構成各種戲劇的表現，是為了解釋人類世界的實況。那種解釋不太理想，為什麼？因為它對神的來源無法說清楚，它必須設法去描述神是怎麼來的，而神與神之間為什麼是如此？又為什麼跟人類世界那麼像？還是無法得到圓滿的解答。所以真正進入人類世界時，是一個理性的時代，要設法用人的理智、人的情感、人的意志，去說明人類為什麼會有各種情況出現。這個時候會彰顯命運的作用。

透過對命運的掌握，再投射到人的實際生活上，就會發現原來人有那麼偉大的潛力。也就是透過戲劇裡面主角的遭遇，使我們在欣賞的時候，與他同化為一，然後提升我們生命到一種高度的境界。

所以，希臘的悲劇並不使人悲哀，相反的，希臘悲劇具有強大的生命活力，使觀眾看了以後會感覺到無限的希望。因此不要忘記，當伊底帕斯王知道這個可怕的真相之後，立刻刺瞎自己雙眼，放逐自己到外地去了。這樣的伊底帕斯王走遍千山萬水，最後說了一句話：「一切都很好！」

這就是人類的偉大！命運可以給我們各種懲罰、威脅與壓力，但是人一旦以他個人的勇氣承受命運的挑戰與壓力以後，他在承受的過程裡就超越了命運。他最後可以說：「一切都很好！」既然這是命運，我就接受它，在我接受的時候，我超越了它的壓力，它的束縛。

命運原來要求人跪下來向它求饒，但是，希臘人沒有求饒！卻站起來與命運面對面溝通、交談，不能交談的話，就接受，然後照樣活下去，這個時候說：「一切都很好！」諸神靜默，不再喧譁！

人類，就在這樣的舞台上，站起來了。希臘人之所以到現在還成為歐洲文化的母體，是因為它對人類生命的精神有一種深度的掌握。這不是其他文化可以比擬的。

近代歐洲的悲劇就差得很遠，為什麼？近代歐洲也有戲劇，西班牙的塞凡提斯，英國的莎士比亞，德國的哥德，是主要的代表人物。在那個時代，人類的理性已經非常開明，人類的力量很大，以為神的存在可以擺在一邊，命運不是我們的對手，我們所要掌握的是人類的理性。

但是，理性有沒有限度？理性能帶給你什麼？以哥德的《浮士德》來說，他是近代歐洲人最典型的寫照，浮士德想得到一切，就跟魔鬼談條件，使他所有的心願，可以心想事成，通通滿足，但最後還是陷入一種虛無主義。理由很簡單，理性不能解釋一切。人的理性可以幫他了解世界的一部分，但是所了解的往往不是最根本、最主要的部分，而是世界那個空洞的、沒有生命的架構而已。

所以當你讀西方的近代戲劇時，會發現最後是一種虛無主義的悲情。我看過一部電影，名叫《滅》，是日本導演黑澤明所拍的。電影的劇情是描述一個人逃獄的故事，到了劇終時，在螢幕上打出了一句字幕，是莎士比亞《理查第三》的一句話，他說：「再凶猛的野獸，也有一絲憐憫；我，沒有絲毫憐憫，所以我不是野獸！」這種對人性黑暗面的揭發，令人覺得顫慄。的確，我們必須承認，虎毒尚且不食子，但是人如果發起狠的話，可以做出任何事情！人難道不是萬物之靈嗎？為什麼會有這樣的表現？所以莎士比亞這句話清楚讓我們看到了他對人性的洞察，由此很容易陷入一種悲觀的、絕望的、虛無主義的陷阱裡。

因此西方近代的悲劇，到了最後的時候，不會讓人覺得生命需要振作，需要發揚起來。它無法達成希臘悲劇所造成的積極結果。

喜劇如何可能？

我們現在回過頭來看看自己，我們常聽說：「中國人不喜歡悲劇，只喜歡喜劇。」為什麼？我們先就一般的戲劇來說，試舉一例。幾年以前，在紐約上演一齣舞台劇，劇中的主角是一個科學家，非常窮，窮到沒有錢買木柴生火繼續做實驗。演了幾天之後，台下一個有錢人受不了了，丟了一張五十塊美金到台上去，說：「你趕快去買木柴生火，然後繼續把實驗做完吧！」這是在紐約發生的事。

中國也發生過一件事，抗戰時期在四川上演一齣舞台劇《三國演義》。演了幾天之後，台下一個觀眾受不了，他是個木匠，終於帶把斧頭來了，戲演到一半他就跳到台上去，把演曹操的那個演員給殺掉了！因為他無法忍受曹操的橫行霸道，就把曹操給殺了。他以為這樣一來，就不會有原先的結局了。他想改變歷史。

這兩件事情對照起來看，就可以發現，中國人和西方人對喜劇的看法不太一樣，對中國人來說，他無法忍受一件太過悲慘的事情，因為這個世界上悲慘的事情已經太多了。

在中國的戲劇中，演得最多的是歷史劇。譬如大家喜歡看金庸小說，因為裡面有些歷史的背景，地理也充分應用上了。中國人比較寫實，他不習慣也不容易幻想一個虛構的東西。但是這一類歷史劇有一個毛病，就是經過作家有意的選擇與安排。歷史原本有許多悲喜的事件，我們無法忍受悲，就專門選一些結局比較好的來演，這叫做喜劇。譬如一個年輕的讀書人，進京趕考，在路上認識一個好女孩，他們相愛結婚之後，這個年輕人繼續去考試，中了狀元，就被招為駙馬……這樣的故事不少，中間雖然曲折，最後的結局要不就是大團圓，要不就是給他一個惡的報應，也就是「善惡到頭，終有報」。

快樂結局之幻滅

中國人所欣賞的戲劇，喜歡強調善惡報應。強調這一點並沒有錯，但對於藝術，是一種傷害；對於人生，是一種隔絕。人活在世界上，很多事情都不如意，善惡也沒有明確的報應，所以我們希望製造一個戲劇的世界，在那裡面，滿足我們的願望，使我們的心靈得到安慰。但心靈可以得到安慰嗎？心靈如果透過這種途徑得到安慰的話，那叫做鴉片，叫做麻醉。喜劇不會鼓勵你改變外在的實際情況，也不會幫助你提煉出內在的生命能量，促使你改造自我，或是轉變你的觀點，進而使整個世界因為你的轉變而轉變。它沒有這種效果，所以中國的戲劇往往到最後只有消遣與撫慰的功能而已。

在談到喜劇的時候，我們要特別強調，希臘悲劇有它特別的背景，我們沒有悲劇，倒不必覺得遺憾。說到中國沒有悲劇，恐怕有些人有意見，當然這要看我們對悲劇所下的定義。我若說中國沒有希臘那種悲劇，就沒有什麼好爭論的。我剛剛也解釋過，中國人對歷史的重視，對道德教訓的重視，使得我們一再強調以戲劇教化老百姓，於是戲劇本身的獨立性沒有受到重視。因此到現在為止，我們最喜歡談的戲劇或小說，還是《紅樓夢》。但是如果沒有佛教思想的影響，則《紅樓夢》根本寫不出來。《紅樓夢》表面是儒家，大觀園是一個貴族之家，要不然怎麼能蓋成那麼好的庭園呢？它是帝制系統裡面既得利益階級所蓋的一個園子，代表這個空間是屬於儒家的。裡面有很多來往的人物與節慶是道家的，但是裡面的中心思想與信念則是佛教的——「色即是空，空即是色。」紅樓夢為什麼值得研究？因為它把儒、釋、道三種思想背景融合在一起，但很可惜的是儒家淪為一個空架子而已。以至於你再怎麼讀《紅樓夢》，讀到最後都會發現它跟中國人真正的生命精神有一段距離。

金庸小說也是一樣。當代寫得最好的武俠，當然是金庸的作品，但金庸小說的戲劇性張力在什麼地方，他自己後來承認，也在於佛教的思想，尤其是禪宗的思想。裡面對於儒家，也有相當大的挑戰。譬如，金庸小說的男主角，幾乎沒有一個是家庭幸福的，或是不知道父母是誰，或是父母自殺、離散的，以至於這個孤苦伶仃的小孩流浪天涯，被壞人欺負到很不堪的程度，然後忽然之間有了奇遇，或得到祕笈，一鳴驚人成為天下第一的大俠了。

有些年輕人看金庸小說時，覺得很洩氣：「真倒楣，我的父母都還健在！」這對於儒家思想是很大的傷害。在他的小說裡面描寫得最深刻的是哪些人呢？大都是偽君子，像岳不群之類的，壞人描寫得很生動，好人則描寫得很笨拙。女主角大都很可愛，可見金庸很能欣賞女孩子，但是對於男性似乎不大喜歡。這跟紅樓夢很相似，認為男人是泥做的，女人是水做的。換句話說，這種心態的形成，有其特殊背景。但是不管怎麼樣，它跟我們的主流文化脈絡有一段距離。

道家的祕訣

接著我們要問，能不能構成真正的喜劇？不只是一種讓人看了以後，覺得暫時逃避一下，安慰一下而已。有沒有真正喜劇的可能呢？有的！這時候你可以參考一下道家。道家的思想是我們平常不太談的，談的話也覺得很玄，比儒家還要難以了解。我今天要特別說明一下，道家的思想為什麼可以帶來真正的喜劇？這也是中國文化在這一方面對於西方，對於人類可以有的一種貢獻！

道家思想簡單說起來，就是認為整個宇宙的一切充滿變化，但是這變化有一個來源，有一個歸宿，它的來源也是它的歸宿，就是所謂的「道」。一切都從「道」出來，最後回歸於「道」，這樣不是很好嗎？這是很圓滿的系統，但是麻煩在於，這樣的系統出了問題，以致這個世界出了問題，什麼問題呢？我們得看看生態的破壞是誰造成的，各種戰爭是誰造成的？是人類。因此，道家發現，如果沒有人類的話，這個世界沒有問題，譬如說萬物中的動物、植物都順其自然，有了人類之後，各種災難通通來了。因此，你要解決問題，就要從人著手，「解鈴還需繫鈴人！」

道家對人性有一種洞識。人為什麼會造成災難呢？因為人有認知能力，可以進行認識活動，認識必然造成各種區分，這些區分如果有所偏差的話，就會引發不當的欲望，這樣的欲望自然就容易造成昏念妄動，再產生各種可怕的後果。

人有能力認識，他的認識來自本文前面所說的「自我肯定」，我可以有自我意識。這種認識作用既然可以造成災難，也可以透過它來解脫災難。怎麼樣得到解脫？

以下我要簡單分析一下道家的「知」是什麼意思。知有三個層次。第一個是「區分之知」。一個小孩要在社會上生活，必須知道這是桌子，那是椅子，必須知道這是哥哥，那是姊姊，這是狗，那是貓，他必須能夠區分。如果沒有區分的話，根本什麼都不能知道，混沌一片。所以區分的目的是要讓你了解外在事物，以便可以生活下去。什麼東西可以吃，什麼不能吃，必須區分清楚，所以區分有它的好處；但是，也有它的壞處，因為一旦區分之後，就會有一種比較，如「蘋果比橘子好！」就蘋果、橘子本身來說，沒有什麼好壞，好壞完全是因為人的需要而定的，由人的喜怒哀樂而定的。譬如人類認為黃金比石頭好，事實上黃金和石頭本質上都是礦物，沒有什麼差別。假如你問一隻猴子：「你喜歡黃金還是喜歡石頭？」牠絕對不會像我們這麼勢利喜歡黃金。換句話說，只有人類的這種知，造成區分之後，即造成這種不當的欲望。

這種困難造成之後，要怎麼設法避免呢？老子說過很多話，值得我們進一步引申。我最常舉的例子，莫過於選美活動。從一九八八年五月以來，台灣恢復選美活動。我在台大教書，喜歡觀察年輕人的心態，立即發覺選美活動恢復之後，同學們過得比較不快樂。為什麼會這樣呢？因為選美停辦了二十幾年，每一個人都可以隨時隨地肯定美的人、美的事物。

我可以說：「各位同學都很美，因為年輕就是美。」這句話大家都可以接受，也很樂意聽到這樣的話。年輕就是美，沒有人反對。但是我現在已經不再年輕了，怎麼辦呢？沒有關係，「健康就是美！」對啊！健康就是美，這一點也沒有問題，我們贊成健美。然後，一個人既不年輕，又不健康，垂垂老矣，身體又多病，怎麼辦呢？沒有關係，「自然就是美！」如此一步步下來之後，每個人無論在自己身上、在別人身上都可以肯定美，也可以欣賞美，而產生真正的情感。

但是當選美活動出來之後，這些都成了幻想，沒有人再敢說自己美了。你一說你美，別人就會問：你身高多少？三圍多少？敢不敢穿泳裝？……這就很傷感情啊！選美的標準出來之後，就像老子講的：「天下皆知美之為美，斯惡已！」就是說：「天下人都知道美的標準之後，醜就出來了！」美既然被人選出來了，我們只好覺得自己不美，自己有點醜。但是醜是一種負面的價值，不好意思說出來，於是趙傳唱《我很醜》這首歌的時候，大家就有一種解脫之感。你聽到一個人公開唱出來「我很醜」，你就會覺得自己還好。但是別的問題又來了，因為他不甘心承認自己很醜，就要接著繼續說：「可是我很溫柔」。當他說「我很溫柔」的時候，麻煩又來了。因為溫柔是一種正面價值，可以肯定。結果這首歌流行之後，我所接觸的人，沒有人敢說自己很溫柔，因為你一說自己溫柔的話，就等於承認自己很醜。

在這樣的情況下，我們發現，老子的智慧實在了不起。他看得非常清楚，知道「知」的區分，是人們生活所需要的，但隨之會造成各種困境。因此「知」的第二步，比較重要，就是避開災難。區分是指我去認識外在世界的一切。而避難呢？就是要進一步了解我跟外在世界的關係。一個小孩子只知道這是什麼，那是什麼，他不會注意到我跟這些東西的關係。年紀稍大以後，有了比較豐富的經驗，也變得比較聰明之後，就會去思考自己跟這些東西有什麼關係，就會明白自己跟事物、跟別人、跟整個社會之間的關係，然後找出一個途徑，讓自己活得比較安全、比較長久、比較自在。

老子的思想很強調知的這個層次，也就是說，讓人懂得事物跟自我之間的關係，尋找一個穩當的途徑去生活。有時候老子被人以為是陰謀家，原因就在這裡。譬如，我想要得到一樣別人也想要的東西時，就先把這樣東西給對方，對方發現我不要，那麼他為什麼要呢？我有這樣的經驗：我的女兒小時候有時跟我爭一樣東西，我知道她要，就先給她並說：「這個給你好了，我不要了。」她會講：「你不要，我為什麼要呢？」我就說：「好！你不要，你說的哦！你不要是不是？那麼我要了！」這是運用老子的方法，懂得我跟外在事物、跟別人之間的關係，然後先走到另外一邊，依照所謂正反合的辯證順序，等著結果往這邊發展。

「知其榮、守其辱；知其白，守其黑。」老子的智慧是深通人性的。好像一個年齡很老的人，才會覺悟這樣的智慧。那麼我們在年輕的時候，如果懂得道家的思想，知道一切事物變化正反合的道理，就可以避開各種不必要的災難了，避免災難是走向喜劇的第一步。

這樣還不夠，需要再進一步，使你的智慧進到最高的層次，也就是「啟明之知」。「啟明」這兩個字大家不喜歡聽，為什麼？像「啟智」表示智能有問題；「啟明」表示眼睛有問題。然而我們不要以為自己的眼睛沒有問題。從小到大，我們眼睛所看的都是現象，充滿變化，請問，我們看到了什麼？你如果用眼睛看，絕對看不到真相；真的想看，要把眼睛閉起來，用心靈之眼去看。

一個人在世界上，當他說知道的時候，他恐怕並不知道；當他說不知道的時候，他有可能開始要知道了。因此，「啟明」這個層次是最重要的。因為你不再以外表所看到的現象和結果去判斷一件事物的真相。你開始會想：我現在所看到的這些變化，不是真實的，我要掌握的不是外在世界，也不是我與它之間的關係，而是包括我與外在世界的整體。從整體來看，結果就不一樣了。

以上這一點是我們研究道家思想的時候，重要的體認，亦即莊子所謂的「以道觀之，物無貴賤。」從道的角度來看，任何東西都沒有貴賤的區分，換句話說，天下萬物是一往平等的。

我們認為動物比植物高級，植物比石頭高級，這是人類的區分。道家的立場在於，要擺脫以人類為中心的思考方式，如果你一直以人類為中心來看待事物，就永遠擺脫不了人類情緒的波動，始終在喜怒哀樂裡打轉。

因此真正的喜劇是需要智慧的。智慧是我們人類可以共同運用，可以互相溝通的天賦，其他的一切，則要靠各人的造化，要靠自己的機緣及努力去開發。而智慧之出現，對人人是平等的，都有同樣的可能。只不過這種智慧所要求的條件非常高。

適性與逍遙

由中國文化的發展看來，道家出現之後，所探討的各種問題、所領悟的各種境界都有獨到的地方，我們這裡要介紹的是「適性與逍遙」。「適性」就是：讓我的本性自然去發展，不要給它任何約束。「逍遙」就是：讓一個人可以自在、自得。

這種想法能不能實現呢？可以的，只不過它要求一個人要享受孤獨。真正的道家一定是能夠善處孤獨的，但外表上卻可以顯得合群而愉快，是為「和其光，同其塵」。真正的道家不容易讓你看出他是道家，他在任何地方都與別人相處得很愉快，你進我就退，你退我就進，沒有人覺得他有任何鋒芒，但是他在內心裡面卻從來沒有忘記自己是誰。也就是他把自己分成內外，外在的自我使我在說話與行動方面，跟別人所要求的完全符合；內心的自我呢，則是一個冷靜的主體，由於具有智慧，可以看透整個變化背後的真相。

當世界上的眾生迷迷惘惘、浮浮沉沉的時候，他可以藉清明的智慧看透一切，這種智慧使他超越了喜怒哀樂。有沒有這樣的情況呢？有的，「過盡千帆皆不是」，到達那種境界的時候，「幾度夕陽紅」對他都沒有差別了！這樣的智慧一般說來，要在豐富的人生閱歷裡面慢慢體驗。但是，並不因為如此，我們年輕人就不能掌握了，只要你把路線認識清楚，由淺入深，了解「知」的第一步是區分，第二步是避開災難，再往上努力即可。

一般說來，我們都是處在這兩個層次中。大多數人都懂得「區分」和「避開災難」的道理，平常也會設法加以運用，但是很少人可以達到「啟明」的層次，真的達到啟明這個層次時，就會表現出「知者不言，言者不知」。體認到這種境界的話，什麼話都不必講了，因為一開口就落入言語的牢籠了。所謂言語，雖然是一種「開顯」，但同時也是一種「遮蔽」，我說得越多，你聽得越糊塗，我什麼都不說，你或許了解一些！在此，道家思想使用了高明的辯證方法。

如果我們要欣賞真正的喜劇，就須培養主體的智慧，在這個方面，道家是值得我們參考的。

人生問題的定位

經過上述對希臘悲劇、中國喜劇，以及道家的提升方式作過說明之後，現在可以面對根本的問題了。當我們思考人生的悲劇與喜劇的時候，最後的焦點會回到個人身上。我這個人，活在這樣的時空裡面，到底要如何引導我的生命，一方面能經過悲劇的洗練，把偉大的潛力激發出來，另一方面又能夠透過智慧的覺悟，看透人生喜劇的結局。

真正的喜劇是要做到「完全不動情」。讓整個世界依序運轉，你能夠包容又能夠諒解，對任何人任何事都不會苛責，這個時候喜劇的氛圍在你的周圍漫衍開來，人生也就可以轉悲為喜，到達一個極高的境界了。

我如何定位自己的人生問題呢？有三個觀念值得思索：第一、「我能夠做什麼？」第二、「我應該做什麼？」第三、「我願意做什麼？」「能夠」與「應該」這兩個詞，我想先介紹一下。在古希臘時代，荷馬撰寫或朗誦史詩的時候，其中表達了當時人的基本觀念，用一句話來說，就是：「我能夠，所以我應該。」這句話讓人聽了不寒而慄，譬如，「我今天能夠殺人放火，所以我應該殺人放火」，真是這樣嗎？真是這樣的，所以在荷馬史詩裡面，描寫許多戰爭與英雄的故事。希臘這些城邦之間，也是未曾停止紛爭的，不是有外患，就是有內鬥。在這種時候，誰是真正的人呢？英雄，只有英雄是真正的人。像阿基里斯（Achilles），是希臘的英雄，誕生的時候，就有一句話：「要打敗天下無敵手。」這是他的基本觀念，這種觀念是不當的！為什麼？因為一個人的基本觀念必須讓他從生到死都可以適用。當他年輕的時候，可以大聲說：「我能夠，所以我應該。」他能力很強，可以做很多事情，甚至為所欲為。但是，他也有衰老的時候啊，當他老的時候，年輕一輩跟著上來說：「我能夠，所以我應該。」然後把他罵成老賊。這樣可以嗎？因此必須讓這種基本觀念具有從生到死，每一個人都適用的普遍性。所以結論是不宜說：「我能夠，所以我應該。」

直到近代德國哲學家康德（I. Kant, 1724-1804）出場的時候，情勢才逆轉，他說了一句話，改變了希臘時代這樣的思想，他說：「我應該，所以我能夠。」這就不一樣了，這一句話充滿了強烈的道德感，讓你聽到之後，會有一股振作的力量。但是，我們做得到這句話嗎？談何容易。譬如說：「我應該孝順父母，但我能夠做到嗎？」理論上一定能夠，因為「你應該，所以你能夠！」但事實上往往沒有做到。「我應該幫助別人，但我能夠做到嗎？」理論上能夠，而事實上不一定做得到！這就是「能夠」與「應該」的關係。

(一)我能夠做什麼

接著要思考的問題是：「我能夠做什麼？」現代人能夠做的事情，幾乎是沒有限制的，所謂「路是無限的寬廣」。處在今天自由開放的時代與保障人權的社會，我們的能力實在太大了。從小開始，我們可以學習任何科系，現在的小孩什麼都學，鋼琴、小提琴、英文、數學、電腦，都可以透過補習，然後通通學會了。我們就業的時候，三百六十行，各種行業都可以選擇，幾乎有無限的可能性。但是，可能性越大，危機也越大。在面對眾多可能的選擇時，你若選擇一種，就表示要放棄其他的所有選項。這種想法使人覺得生命充滿巨大的壓力。

我能夠做許多事情，包括選擇我的職業，建立我跟別人的各種關係，決定我這一生的途徑，尋找我生命的重心，以及要往哪裡去，全部在內。我有各種可能的機會，這是第一步。我們由於有自由、有民主，所以我們「能夠」的可能性比古代人多了無數倍。今天幾乎沒有任何話題是不能談的，也沒有任何行為上的禁忌，所以在「我能夠」這方面是沒有什麼問題的。

㈡我應該做什麼

比較重要的是第二步，「我應該做什麼？」這是強調現代人必須做選擇。問問自己：「我能夠做很多事情，但是不是都應該做呢？」這個「應該」可以由兩方面考慮，一方面，是指外在既成的所有的規範，譬如，開車的時候應該靠右邊，看到紅燈應該停。那麼，我能不能開左邊或闖紅燈呢？可以啊！只要我不怕罰款。另一方面，規範不一定都是由外而來，也有由內而發的。由內而發的規範，就是：「當我發現自己能夠做很多事情，但是又覺得不應該做。」沒有人告訴我，也沒有人看到我，但內心裡面卻會覺得不安。這種不安，不是只有孔孟所說的儒家才有的，希臘哲人蘇格拉底也有。

蘇格拉底認為自己有一點與眾不同的地方，他說：「我從小開始就有一種特殊情況，每當我要去做一件不該做的事情時，心裡面就有一個神祕精靈的聲音告訴我說：『不能做』，然後我就設法不做。」這裡要特別注意的是，他並沒有說，當他要去做一件應該做的事情的時候，心裡面會說「可以做」。換言之，當我做一件應該做的事，那麼不需要別人講，我就做了，只有在我要做一件不應該做的事情的時候，心裡面會阻止說：「不好！不好！」這等於儒家所說的，我去做了一件我不應該做的事情的時候，心裡會覺得不安、覺得不忍。

所以我在研究哲學史的時候，發現我們的儒家與西方古代思想，在這一點上相通。這件事讓人覺得非常興奮，因為他們所表達的是人類共同的情況。每一個人內心裡面都有良知的呼聲，只不過它的呼聲有沒有被人聽到而已。如果旦旦而伐之，把它壓抑下來，或者任由外面的喧囂來淹沒它，但是這種內心的聲音還是存在的。每當夜深人靜的時候，或者在清晨起床的時候，這種聲音從內而發，催促一個人走上正路，任何外在的力量都無法完全抹殺它。

㈢我願意做什麼

我能夠做許許多多的事，但並非每件事都是應該做的。這一點已經說清楚了。這兩者之間會產生一種張力，一邊是我能夠做的，另一邊是我應該做的，那麼，我何去何從？於是，最後要問的是：「我願意做什麼？」這是自己要做的決定。這個時候會出現四種情況。第一種，我能夠做的，是我應該做的，也是我願意做的。那麼很好，趕快做吧。譬如我能夠幫助別人，我應該幫助別人，我也願意幫助別人，那麼很好，大家都會非常高興。

第二種，我能夠做的，是我不應該做的，也是我不願意做的。那麼也很好，就不要做。譬如我能夠欺負別人，但是我不應該欺負別人，我也不願意欺負別人，很好，那就不要做。以上這兩種情況都沒問題。有問題的是另外兩種情況。第三種情況是，我能夠做的，是我應該做的，但卻是我不願意做的。這種情況雖然不理想，但是沒有人可以勉強我，至少我不會製造什麼更大的災難。第四種情況是，我能夠做的，是我不應該做的，不過我卻願意做。這是人生之中最常遇到的情況。

「我能夠做，我不應該做，但我願意做！」這種情況出現的時候，特別值得我們省思，如何省思呢？我想到四種可能的結果：第一、不要後悔，譬如金庸小說《倚天屠龍記》裡，有一個女孩，媽媽給她取名叫做楊不悔，表示媽媽生下這個孩子不後悔。任由別人批評與嘲笑，她都願意為自己的人生負責。「能夠做，不該做，願意做」，所以不要後悔！就像伊底帕斯一樣，雖然沒有清楚知道自己的命運，但是在了解了一切狀況之後，還是坦然接受，並且說：「一切都很好！」第二、不要抱怨。不要浪費時間去責怪相關的人與事。第三、設法頓悟，透過這個過程，做了不該做的事，覺察到生命的斷裂與缺陷，或是由此開展另外一個境界。在頓悟時，明白了：「到底什麼是人生？生命繼續向前開展，我以後要怎麼做呢？」第四個，只有訴諸相稱的報應或死亡。

在這個時候我們會面臨生命的根本問題，如果有個人一生不曾碰過類似問題的話，那麼他這一生過的是什麼日子，我很難想像。從小到大，他所做的事情都是：「我能夠做的，我應該做的，我願意做。」那實在是無比幸運的人。或者是：「我能夠做的，我不該做的，我不願意做。」但是有誰真正是如此的呢？我無法想像一個人從生到死都是這樣的。這樣的人活在世界上，顯得一切都是很和諧，但這種和諧是為了什麼？我不了解，因為他根本沒有成長的機會。

我們在以上簡單的分析中，提到了「能夠」、「應該」與「願意」，主要是想說明人生的悲劇與喜劇，往往就在我們思考「能夠」、「應該」、「願意」的過程裡面開始展現。真正的智慧，是當我有一個動機出現的時候，就知道將來可能產生的結果。我在研究哲學的過程中，最大的收穫就在這裡，也就是對許多事情，在別人尚未注意到的時候，就預先猜測將來的發展如何。

人生的挑戰與樂趣又何嘗不在這裡？每一個人在與別人來往的時候，可能出現的幾種情況，在他們見面的那一剎那，已經可以知道了。為什麼命運可以算得出來，原因就在這裡。而在命運方面，我最欣賞的，並不是設法如何去算命，而在於明白「人的性格就是他的命運」，這句話是希臘哲學家赫拉克利特（Heraclitus）的信念。

仔細思考這句話，就可以感受一種樂觀的訊息。也就是說：如果是由性格造成命運的話，那麼任何人想要改變命運，就要先改變他的性格。換言之，我只要改變我的性格，我的命運就會跟著改變。教育的目的，正是讓一個人改變性格。也正是我們常說的：陶冶氣質，變化氣質。也可以說，教育就是風格的培養。性格包括性向與風格，所以透過教育，改變一個人的風格之後，他的命運也就跟著改變了。

許多人的生活背景跟我差不多，小時候在鄉下地方念小學，但是我可以透過念書與升學，最後成為台大教授，這是如何造成的？是我的命好嗎？我不認為我的命好，但我承認我很早就知道自己的性格，然後一步一步朝著固定的方向走去。這時候需要各種人生的智慧來啟發，但智慧不是一切，因為它只能告訴你，你能夠做什麼事，以及你應該做什麼事，至於你願意做什麼事？則與智慧無關。

有許多時候在各種狀況中，我們明明知道那是一個陷阱，但還是要跳下去。真正重要的是，我現在知道自己是誰，正在做什麼事，以及為什麼要這樣做。

我們今天探討悲劇與喜劇，在人生幾個重要的關頭出現的一剎那，你可以揮出最有力的一擊。最後，我想借用尼采（F. Nietzsche, 1844-1900）的幾句話做為結束：「只有人類，才有煩惱，所以他們不得不發明微笑。就因為人類是最不幸的、最憂鬱的動物，所以他們也是最快樂、最開朗的動物！」尼采又說：「人生是一條懸在深淵上面的繩索，要從這一頭走到那一頭，很危險；停留在中間很危險！回頭向後看，很危險；躊躇不前，也很危險，人生就是一個危險的過程。」尼采強調的超人，是指「走過去的人」。每一個人都像馬戲團裡的表演者一樣，走一條自己的繩索。留在這邊很安全，但是你不會成長；走過去很危險，不過你可以學習成長。不要奢望一個沒有痛苦的人生，卻要學習面對考驗，勇敢地站起來，活出人的尊嚴。

對話

【問】從哲學的角度探討人生各種問題，對人生有什麼樣的幫助？如果擁有哲學思想的底子，是否更能分析及理解人生？

【答】哲學與人生有什麼關係？了解哲學之後，並不能解決人生問題，因為人生問題是實際生活中所面對的存在處境。不過，哲學可以幫助你了解、闡明，並照亮你的人生處境，這一點十分重要。譬如我在演講中提到，希臘的思想家、中國的道家等等，都是你在念哲學的過程中，所要學習的。但是，每一位哲學家都有他的時空限制，就是在他那個時代，面對那個時代的問題，去設法應付的。我們在研究的時候，要試圖超越時空的限制，掌握其思想永恆的一面，尤其是在方法上與見解上，然後拿來做為我們實際人生的參考，我想這一點是很有幫助的。

【問】自我超越與自我膨脹的意識衝突時，如何取捨與拿捏？

【答】自我超越與自我膨脹，是兩個不同的東西，自我膨脹不代表自我超越，它是自我在原地踏步，不斷地以自我來涵蓋許多外在的東西；譬如說，一個人發現自己學問越來越好，人格越來越高，朋友越來越多，能力越來越強。這恐怕就是自我膨脹，而事實上未必如此。自我超越與此不同，「自我超越」是很好的觀念，比「自我實現」要好一百倍，為什麼？因為講自我實現的時候，往往要先問：「你這個自我，是什麼自我？」因為這一點不弄清楚，可能會造成危險。譬如，有些人講自我實現的時候，認為我是一個運動員，因此自我實現就是取得奧運金牌。那麼為了這個自我實現，可以不擇手段嗎？其次，我真的自我實現的話，那麼其他跟我比賽的所有運動員，都不能自我實現了。所以，自我實現一定要先清楚地知道：「什麼是自我」，同時，也不能把它當一種心理能力的表現。譬如一個作家，像川端康成，得到了諾貝爾文學獎，自我實現了嗎？可是後來他卻自殺了。換句話說，「自我實現」這個詞，有很多危險的陷阱，所以我們樂於強調自我超越。自我超越的意思就是說不要拿自我跟外在的標準去競賽、去衡量，而要把自我當做自己成就的一個更高的期許。自我超越就是超越自我，近似老子所說的「自勝者強」。

【問】人生中愛情算什麼？

【答】這個問題對每一個人來說，在不同的生命階段，會有不一樣的意義。對孩子來說，沒有愛情問題，他只有友情與親情問題。成長之後，他會懂得人與人之間有愛情。我們把愛情界定在男性與女性之間互相吸引的力量上，這種互相吸引的力量，使你發現自己有兩種可能：第一、我好像只是一半的人，我在尋找另外一半；當你碰到真正所愛的人出現的時候，你會發現，我以前以為我是一個人，現在才知道我是半個人。所以今天當你發現你是半個人的時候，就表示你已經知道你的另外一半在哪裡了。第二、談「真正的愛情」，柏拉圖有一句話很好，他說：「愛，是神聖的瘋狂。」瘋狂是不好的，我們說一個人談戀愛，像發了瘋一樣，但那卻是神聖的瘋狂，這就轉成好的意思。為什麼，我簡單說明一下。

一個人談戀愛的時候，立刻會有一種情況出現，就是擺脫世俗的各種觀念與要求；平常我們都循規蹈矩，談戀愛的時候卻會做出很多瘋狂的事情，譬如兩人走馬路，可以走幾個小時，怎麼也走不累；月亮有什麼好看呢？他們可以一起看一個月。換句話說，他們會做出別人無法了解的事情，他們說的許多話也是沒有意義的，像「海可枯，石可爛」，海怎麼枯呢？石怎麼爛呢？許多話既沒有意義，又都是別人不能理解的，這叫做瘋狂。然而愛卻是一種神聖的瘋狂，為什麼？因為在那一剎那，你發現了真正的自己，發現自己真正所要的，這叫做「神聖」。

為什麼會如此呢？我們生活在世界上，在清楚了解自己的時候，這個我已經被層層的社會觀念遮蔽起來了，譬如，你是父母所教的，老師所教的，所以你的一舉一動都是老師、父母希望你表現的樣子，你未必知道自己該怎麼做，你以為自己只有這些本事，到了談戀愛的時候，愛就像一道光明，照亮你內心的本質。當愛人對你說：「你是全世界最美的人。」那時候你相不相信呢？你當然相信。他說：「你很有潛力啊！在這方面你一定可以發展，一定可以念一個Ph. D.。」你就去念了。很多人就是因為愛情力量的鼓舞，而使他的潛力整個發揮出來。所以，愛算什麼呢？愛是很重要的，如果沒有愛的話，我們能夠存在嗎？恐怕很難。我很欣賞奧古斯丁所說的一句話：「有多少力量，就有多少愛。」反過來說也是一樣：「有多少愛，就有多少力量。」

【問】為了改變性格，教育是唯一的途徑嗎？

【答】這要看你對教育怎麼定義。一般來說，真正的教育是自我教育。譬如我雖然在學校聽老師上課，但假如我不了解的話，上課也沒有用。並且，同樣一班同學聽老師講課的時候，為什麼我了解，他不了解？換句話說，我還是在自我教育，老師所提供的是線索、是媒介，是一些思考的途徑而已。所以，透過教育，使一個人建立自己的風格，這是主要的目的。人的生命，就是一個自我教育的過程，自我教育就是設法自我超越，這整個是一貫的思想。

【問】人是否一定要經過悲劇的苦痛，才能淨化自己、提升自己？

【答】我們所謂的悲劇，當然不是說沒有念過希臘悲劇，就不能提煉自己。我的意思是，希臘悲劇表現了在人類的生命歷程裡面，有一個永恆部分，這個部分只要你用心體會，仔細反省，就會在你所經歷的宇宙和人生的某一方面顯示出來。我們可以說：人生就是一個試圖解開密碼的過程。宇宙與人生中，複雜的內涵往往會有讓你看不透的地方，但是你掌握一條線索之後，得到一把鑰匙，解開了密碼，整個宇宙與人生會豁然開朗。所以，念哲學最直接的效果就是：對他來說，這個世界成為透明的世界。我們有沒有想過「透明」這兩個字的意思？

當一個現象發生的時候，別人只看到表面，你卻可以看到它的背後，譬如，「色即是空」，就是透明的意思。宗教就有這種本事。另一方面，人生面臨各種問題時，許多人在裡面迷迷惘惘，沉沉浮浮，你一看就知道將來會如何。譬如，我就可以替所有的人說：「我知道，將來所有的人都會死亡。」這是透明的！這倒不需要讀過某一齣悲劇，或是欣賞某一齣悲劇，而是只要你夠敏感，並且能透過適當的教育途徑。另一方面，你若真的去讀希臘悲劇，的確會使你的心靈受到震撼，由此增加你的深度。

【問】「一切都很好」，只因為我在心靈上接受了命運，但實際上，行動可以超越命運嗎？

【答】行動能不能超越命運？我們在了解命運時，首先要注意的是，它是靜態還是動態。我若說：「好，這是我的命運。」表示我了解這個整體的命運在我身上已經發生了作用，這是靜態的。但是我知道自己的命運之後，繼續要活下去，這個行動本身就已經超越了命運。不過不要忘記，這個行動的過程，說不定也在命運的涵蓋範圍之內。當你認清自己的命運，譬如小的時候，生長在如此的環境裡面，那麼現在你繼續努力，就表示已經接受它，並且超越它，往前走。但是你怎麼知道，當你繼續往前走時，那將來的發展，是否也在命運的宰制裡面。這是我們要思考的。這個問題我沒有答案。因為對每一個人來說，命運的面貌都不一樣，但是至少你要決定它是靜態還是動態。

【問】對於目前台灣大多數人的急功近利與經濟掛帥的心態，以您學哲學的人生觀點，要如何加以糾正？

【答】目前社會上這種急功近利的心態，是長時期慢慢形成的結果，所以不是任何一個人或一群人可以立刻去改變的。在這裡，我要提醒的是，一個社會最主要的是文化的影響，為什麼我們今天大多數人比較喜歡很實在的，可以立刻兌現的東西呢？像要求物質欲望的滿足，因為我們在心靈上，逐漸失落了我們的故鄉，我喜歡以「文化鄉愁」來形容。從文化上來看，我們會覺得中國人已經離開自己的根很遠了。什麼是中國人的根呢？中國文化要怎麼了解呢？我在演講中特別提到道家與儒家，就是為了維繫我們的文化活力。換言之，今天要改善整個社會的風氣，不可能一時一刻做成，這一點我們不得不接受。其次，第二點，則事在人為。我們要看將來，譬如十年之後，二十年之後的社會風氣如何？這是我們要負責任的。

我們要設法了解中國文化到底在什麼意義上，可以重新使現代人覺得有價值，覺得可以跟他的生命經驗結合在一起。以我念哲學的人來說，重點在於理念方面的澄清。人的文化包括實際生活的器物，社會的制度與結構，以及最重要的理念，就是我們對人生的理想與信念。如果理念清楚的話，其他方面的發展就有一個指導。人生最可惜的是，沒有理念，只能以實際的東西來指導我的生活方式，根據我的基本需要，來決定我對別人的態度。這是一個複雜的問題，我們知識分子在理念方面要充分說明的是：現代中國人所應該接受，應該欣賞的理念究竟是什麼。

【問】從「能夠」、「應該」、「願意」來看，當我們出於善意的行為，受到曲解的時候，我們應該如何處置？如果用這樣的心態，就是用平常心來對待的話，那麼生命是否會過於平淡呢？

【答】當我們的善意被別人曲解的時候，我們要怎麼樣去面對它？我想這種情形每天都有，到處都有，為什麼？問題往往不在別人，而在於我們自己的善意是不是能夠讓別人感覺到？這一點很重要。你表達的方式怎麼樣？有的時候我們一廂情願，完全忽略了別人是在什麼情況下，以為我是善意就夠了，結果可能是「我雖不殺伯仁，伯仁因我而死」。這個時候，不能以善意為藉口。與其追究別人為何不欣賞我的善意，不如反省自己的善意應該如何表達，如何使它落實。光是善意不夠，還要有善的行動。

另外，這種生活是不是太平淡？譬如考慮「能夠」、「應該」、「願意」，通通照著規矩做的話，生活似乎太平淡了。坦白說，生活可以平淡，也可以高潮迭起。不要刻意去追求高潮，也許當你沒有準備的時候，高潮就來了！也就是說，生活裡面每一個細節，都可以成為特殊事件，只看你怎樣去面對它，你採取的態度如何？我們看過許多電影，有時候感覺很好；有時候感覺平凡。但是，那不只是電影好不好的問題。電影可能是一樣的層次、一樣的等級，但是看的人的心態與心境，卻可能形成一個特殊的事件，這是你所預期不到的。所以如何讓自己身邊一些不連續的事件，以一個焦點把它們結合在一起，讓每個事件都可能成為生命中的高峰。這是很有趣的挑戰。

【問】一個人需要具備什麼樣的條件，才適合學哲學？

【答】人既然是理性的動物，就自然可以學哲學。這一點請大家一定要樂觀。「哲學」用一句話來說，就是把你隱然接受的觀念，明顯地呈現出來。「隱然接受」是什麼意思呢？我們從小在世界上，由父母、老師那裡學到很多觀念，都接受了，但是卻沒有反省：「對不對？該不該？我是不是願意這樣做呢？」沒有經過反省就接受許多觀念，會產生一個問題：就是當我碰到實際生活中的考驗時，有時候覺得這樣做好，有的時候覺得那樣做好，彼此之間是矛盾的。那麼怎麼辦呢？這個時候需要哲學。哲學可以以一個系統、一個脈絡幫助你把隱然接受的信念，清楚地呈現出來。呈現出來之後，你就知道自己站在什麼立場，對人生抱持怎麼樣的態度，怎麼樣的觀點。你這才算有了人生觀。有了人生觀之後，再面臨任何人生問題，就知道如何去應付，而不致陷於自相矛盾。人生最可嘆的事情，就是自相矛盾。譬如：我在下雨天的時候，從來不幫助別人，因為雨那麼大，我自顧不暇；但是我在天氣晴朗的時候，一定幫助別人。這樣的人是滿可憐的，太陽出來就變好人，下雨了就變壞人，那麼人生的價值在什麼地方呢？辨明這一類問題，就是哲學的作用之一。

每一個人都可以研究哲學，幫助自己建立正確的人生觀。但是要成為哲學家，則是很難的，這點是我們承認的。在此，要補充說明一點，學哲學與念哲學系是兩回事，你可以學哲學，但是你若要念哲學系，請千萬小心一點，要謹慎，要好好考慮自己的興趣、能力與出路。

【問】談人生的悲劇與喜劇時，重點之一是化悲劇為喜劇，陶淵明有詩：「縱浪大化中，不喜亦不懼」，請問他認為人生是喜劇還是悲劇？還有他的思想是儒耶？道耶？釋耶？

【答】陶淵明是田園派的重要詩人，他這句「縱浪大化中，不喜亦不懼」很明顯地已經到達道家的層次，蘇東坡也有那樣的意境：「大江東去，浪淘盡，千古風流人物。」當時如此得意的人，而今安在哉？這是道家的智慧，能夠看透由生到死的整個過程，對人間各種成敗得失通通一笑置之，這就顯示一種道家的智慧，不過它有的時候會流於消極。譬如說「既然如此，我何必奮鬥呢？」奮鬥到最後的結果，還不是變成別人嘲笑的對象！這就很傷感情了！不過重要的是你在生活，你要「任真」，讓你真正的本性顯示出來，也就是所謂的「率性」。你屬於儒家，就設法過儒家的生活；你傾向道家，就設法過道家的生活。

【問】凱撒大帝曾說：「我來，我看見，我征服」，請問您有什麼看法？

【答】凱撒大帝可以說這樣的話，別人不一定可以說。說這句話的人，有他特殊的時空條件與歷史條件，普通一個老百姓說：「我來，我看見，我征服。」究竟在說什麼呢？你來的時候，別人也來了；你看到別人，別人也看到你；你征服別人，別人也征服你了。所以，凱撒大帝做為戰場上的英雄來看，可以說這樣的話。別人不宜隨便引用。並且，可嘆的是，凱撒大帝最後也死了！「我來，我看到，我征服，我死了。」這種豪情壯志是存在的，不過，也有它的限制，這一點我們要了解。

【問】何謂真正的和諧？其次，悲觀的人較易看清事實和生命的本質，您的看法如何？

【答】真正的和諧是動態的和諧。動態是什麼意思？譬如，我與自己和諧，我與社會和諧；但是我必須知道：我在成長，社會在發展，因此，真正的和諧不是靜態的，而是動態的。我們思考人的問題的時候，都要有區分「動態」與「靜態」的觀念。譬如有些人剛結婚的時候，相處得很和諧，結婚幾年之後，發現兩個人不能溝通了，為什麼？因為他們缺乏動態的和諧，沒有一起成長。交朋友也是一樣，有些小學時代的朋友到了中學就不能交往了，因為想法、背景慢慢隔閡了，到了大學情況也是一樣。有些在學校認識的朋友，到社會上幾年之後見面就不能講話了。為什麼？因為我們之間「和諧的關係」不再存在了。所以真正的和諧是動態的，是隨著生命的過程不斷開展的和諧。人活在世界上，不能逃避的一個責任，就是使自己成長。你不成長的話，別人都在繼續成長，最後你就不知道自己活在世界上，是原地踏步呢？還是要成就什麼事情？這時往往就會以一個不太有價值的目標，來做為取代，讓自己逃避生命內在的要求。

其次，悲觀的人容易看清事實與生命的本質，這一點原因何在？原因在於悲觀和樂觀相形之下，有悲情的人容易發現生命孤單的一面、陰暗的一面；深度不一定代表陰暗，但是陰暗自有它的深度。一個人如果一天到晚都很快樂，生活非常幸福的話，恐怕就不會覺得生命有黑暗的一面，而只看到光明的一面。但是只有光明沒有黑暗的話，那麼光明是有限的，光明不能夠充分地閃耀出來。所謂「不曾終夜痛哭者，不足以語人生。」原因就在這裡。終夜痛哭代表你發現生命中有些地方不能讓你滿意，使你非常失望，某些人使你傷心，使你覺得這一生的希望通通幻滅。在你傷心痛哭之後，才可以認真思考人生的問題。因為這個時候，人生的面貌會比較完整地呈現出來。因此，一個人悲觀而有悲情的話，比較容易領悟生命的深度。

【問】為何喜劇需要培養主體的智慧？所謂喜劇是什麼呢？

【答】戲劇一定有一個故事情節，這故事情節所安排的人物，是善有善報、惡有惡報，還是善有惡報、惡有善報？主要有這四種情況。悲劇是在這四種情況之外，另外設定它的條件，這裡不再重述。喜劇一般說起來，在於前面兩種情節：善有善報、惡有惡報。所以，一部戲劇表現出來的結果若是善有善報、惡有惡報，我們一般就稱它為喜劇，也就是有一個「快樂的結局」，讓所有人看到之後，心裡覺得有點安慰，覺得堅持一個行善避惡的生活方式，還是蠻值得的。這是就喜劇所作的簡單界說。在這種界說之後，我們要問，喜劇為什麼需要智慧？在此我要特別強調真正的喜劇，「活在世界上，快不快樂？」你問這個問題的時候，預設有些人不太快樂。的確，我們說：「人生不如意，十常八九。」許多事情使你覺得很難快樂，但是，原因在什麼地方？原因在我前面提到過的：「往往你的快樂得自於欲望的滿足；因此欲望越多，就越難滿足，就越容易陷入困境。」所以，怎樣使欲望減少或恰到好處，就需要智慧了。這是一個相當清楚的推論。智慧夠的話，我就知道：這件事情我不要希望，那件事情我應該希望，因為我很清楚自己的能力與各種條件。這些通通掌握住的話，我的欲望表現出來，很少有不達成的。譬如說，我不會希望去做一件我做不到的事，我所希望的事情都是在我能力範圍之內，稍微努力一下，就可以做到的，因此我就不會為自己造成太多困擾。

【問】「我能做，我不該做，但我願意做」，請問是否構成犯罪行為？

【答】這與犯罪沒有必然的關係。譬如，我有一把槍的話，只要指頭扣一下，就有人死掉，這當然是一種能力，但是我不應該殺人，不過我願意做，因為我痛恨這個人。這時的行為當然是違法的。其他的行為就未必如此。犯罪是法律上認定的行為，這裡所談的，則與法律沒有必然關係，是屬於人生的問題。譬如我能夠做一件事情，帶給別人壓力或傷害，這件事情我不該做，我還是願意做，想給對方一點教訓，我可以說：「現在給你教訓，是為你好！」這種事情有的時候是可以了解的。

【問】如何控制自我的喜、怒、哀、樂？

【答】這是修養的問題。所謂控制喜怒哀樂，不一定是全部壓抑。我們應該當喜則喜、當怒則怒、當哀則哀、當樂則樂。要控制到恰到好處，這是儒家的原則，這一點很重要。譬如我在面對一群壞人時，控制自己的憤怒，裝得若無其事，這就不對。對付做壞事的人，要當怒則怒，這叫做義怒。換言之，喜怒哀樂的控制絕不是說要你不要發出來，而是要用智慧去判斷，要恰到好處地發出來。

【問】每回聽演講時，總是抱有非常好的感覺，但聽完之後感覺並沒有那麼好。這是否就是人生的悲劇？

【答】這不是人生的悲劇，而是人生實際的情況。我在台大教書，每年都有學生告訴我：「每個星期四下午來上課，都感覺到充滿活力，因為透過理性的了解，使我產生人生的信念。但是一個星期下來處在世間又非常洩氣，必須再回到教室來，繼續地充電。」由此可知，上課或聽演講的時候，聽到許多精采的話，那些話是一個演講者把他所有的思想綜合起來，在很短的時間之內展現出來的結果。別人研究了幾十年的東西，你在一、兩個小時內通通聽到，當然會覺得豐富、積極與正面的力量。但是，聽完以後就會回到現實，想到：外面是否還在下雨呢？出去是不是還會堵車呢？回家之後是不是還有各種困擾呢？明天是否還要上班呢？這些問題通通出來了，所以最後感覺會不太好。這一點是完全可以了解的。尤其在曲終人散的時候，會覺得有些蒼茫之感。這是合乎事實的情況，但不是悲劇。

【問】由道家的觀點來看，宇宙萬物是均等的，請以簡單的語句來解「道」。

【答】就具體個別的事物來說，花有花道，茶有茶道，每樣東西都有它的途徑來表現自己，人也是一樣。「道」這個字從「行」從「首」，由頭帶著在走路，這就是道。宇宙萬物、日月星辰都有它的運行之道，「道」本身就是宇宙萬物運行的規則，但是這種規則本身是什麼？我們把它凸顯出來，做為宇宙萬物存在的根源，這就是道家的道。

【問】人生如苦海，是否就是人生的悲劇？是否還有正面的或積極的意義？

【答】人生如苦海，這句話本身有問題。人生是不是苦海，要看你基本的預設，像佛教裡面講的「四聖諦」，第一個就是苦諦，從生、老、病、死，到憂、悲、苦、惱，愛別離，怨憎會，求不得，全部都是苦。苦惱如何解脫？要靠智慧。為什麼？因為佛教裡講十二因緣，第一個就是無明，無明就是沒有智慧。所以佛教裡面最講究智慧、講究般若，般若可以使你從此岸渡到彼岸，渡到彼岸之後，就不再流轉生滅，成就寂靜涅槃。所以在佛教裡面有這種說法。就我們實際生活來看，如果你說人生如苦海，那麼請問，我們現在這一剎那，心裡面覺得高興，因為我把這一場演講講完了，各位先生各位女士至少現在不會覺得痛苦了，我剛剛好像聽到有人在笑。所以，人生如苦海這個命題本身，在特定的脈絡可以講，而未必是人生的真正情況。

第二章：人生是荒謬的嗎？

「人生是荒謬的嗎？」這樣的問題是每一個時代、每一個地方、每一個真誠的人都必須面對的。你可以暫時遺忘它、逃避它，但是不能永遠忽略它。這個問題的答案可以是很簡單的：或是荒謬，或是不荒謬。哪一個答案比較正確呢？我們希望藉著以下的討論，設法說得清楚一點。你若說人生是荒謬的，那是因為你對它有某種期待，結果這種期待落空了；你若說人生不是荒謬的，那是因為你肯定了一些東西，譬如對古代西方人來說，人生不是荒謬的，因為上帝存在；對某些人來說，人生不是荒謬的，因為人間有愛。這些答案都很好，但是，只能有這些答案嗎？如果這些答案不再有效，或是對某些人不再有效，或是在某些時代不再有效，那麼人生是否又變成荒謬的呢？如果你說人生是荒謬的，因為人間沒有愛，因為上帝不再存在了，因為這個世界跟人是隔絕的、不能溝通的，這些答案也不錯，因為可以經由反面透顯出我們對生命的要求。

我們在不同的時代，不同的地方得到不同的答案，但是現代人，就是我們以及今天世界上其他地方的人，所面對的人類處境，使我們對這個問題的反省，有一些比較集中的線索。

現代人的孤立處境

首先我們要從現代人的處境說起。現代人的處境，可以用各種方式來描述，最直接最簡單的還是要問：「現代人生命的觸角可以延伸到什麼地方？」第一是：他人與社會，第二是：自然的世界，第三是：超越界。「超越界」這個名詞需要稍作解釋。我們活在人世間與自然界裡面，很快就會發現一個事實，就是一切都變化不已。變化代表萬物本身缺乏基礎，今天這樣，明天就不是了。我們的生命有開始就有結束，大自然的一切也不例外。因此所謂的超越界即指：在這一切會變化的宇宙萬物之外、之上或之內，有一個基礎，這個基礎是不變的，是做為最後的根據的，是一切的來源也是一切的歸宿，我們稱它為「超越界」。

超越界的退隱

超越界以具體的例子來說，比較容易了解。譬如：你相信鬼神的存在嗎？你相信人死了會到另外一個世界嗎？你相信有一個上帝，或稱做天，或稱做道，或稱做極樂世界、涅槃世界的存在嗎？你可以不相信，但是你了解它的意思嗎？如果你了解，那就是超越界。

現代人的處境，用古代的話來說，是：「上不在天，下不在田，中不在人。」上面與天斷絕關係，下面與世界斷絕關係，中間呢？與其他的人、與社會整體也發生了疏離的現象，這就是現代人的處境。為什麼會到這樣的地步？因為現代人的理解方式基本上有三種，一是理性化，二是科技化，三是功能化。理性化是受到西方思想的影響，用理性來界定一切，理性所能清楚掌握、清楚肯定的東西才存在，理性不能證明的就要存疑，要懷疑它是否存在；到最後，理性不能證明的東西，就須排除於存在之外了，於是像上帝及鬼神的存在，就被存而不論了。

其次是科技化，我們對自然界的態度，乃是以科技的角度為主，發揮人的能力，遂行人的欲望，使自然界受我們宰制，不再與我們平等，無法產生互惠的作用。然後，功能化就是我們在人類社會裡，逐漸把別人當做工具，要看他有什麼作用，而不問他是誰？他有什麼意義？理性化、科技化、功能化是現代人心態的三個取向，這三個取向使我們的存在處境，變成與天、地、人都隔離了。

再作簡單的補充說明。古代中國人相信天，所以帝王稱為天子，並且天子祭天地。天對孔子、孟子而言，原是非常熟悉的，但是由於政治的變遷、社會的發展，以至於後代的一般百姓，把宗教信仰的訴求對象放在家庭裡面，跟天保持了相當遙遠的距離，認為天子才可以祭天，一般人只能祭祖先，所以天顯得遙遠了。

至於西方的世界，原來在中世紀，人們相信上帝的存在，但是近代以來上帝逐漸退隱。我們都知道尼采說過：「上帝死了」。「上帝死了」這四個字被很多人從字面上理解為：上帝太老了、最後死掉了。

有一次，存在主義者沙特（Sartre, 1905-1980）到某地訪問，下飛機時面對一大群記者，他就公然聲稱：「諸位，我今天要宣布一個重大的消息。」所有的記者都認真傾聽。接著沙特說：「上帝死了」。這個消息並不新奇，尼采早就說過，甚至在尼采之前的黑格爾也已經預告了上帝的死亡。對西方人來說，為什麼上帝死了呢？因為西方的宗教是道德的基礎，人間所有的規範都以宗教信仰裡的上帝做為依據。因此，如果社會規範慢慢瓦解，代表它的基礎已經不再有效。西方演變到現在，宗教信仰已經成為個人的私事了。

對現代人來說，上帝成為一個遙遠的名詞。你可以相信上帝，但你無法告訴別人；你若告訴別人，別人不一定了解，別人的了解往往會形成誤解。於是，人類發現在這個世界之上或之外，已經沒有任何對象可以訴求了。這是「上不在天」。我們只剩下這個世界，那麼我們對自然界又如何呢？

自然界的疏離

以近代西方世界來說，把世界當做一部機械製品，是為機械論的宇宙觀。所謂世界是個機械，代表世界只是物質所構成的，它本身具有某種動力，使它按照一定的規則在運轉。它的各部分只有外在的關係而沒有內在的統合生命。我們只要掌握住這個世界的量與能，然後它未來的發展就可以由我們去測量及宰制，這是西方近代的思想。

這種思想到了二十世紀愛因斯坦以後就逐漸瓦解。但是對於人類如何了解世界的真相，並沒有太大的幫助。

當代物理科學所肯定的基本原理：一是量子論，二是相對論，三是測不準原理。量子論相當複雜，除了專業學者以外，全世界沒有多少人真正了解。你若說了解，恐怕正好證明你是誤解。相對論也差不多，據說愛因斯坦提出來以後，全世界只有兩個半人了解，所以我們不妨宣稱自己無知。但是它們基本上要說明的是：這個世界上的任何物體與運動，都沒有一個絕對的時間或空間，可以由人們去掌握及測量的。

換句話說，你以為自己認識這個世界，而其實完全不認識，因為你的認識需要有個基礎，需要一個不動的定點。古代數學家阿基米德說過：給我一個定點，我可以移動整個世界。但是這種想法難免落空，因為的確找不到定點，相對於我們的一切現象，確實都是相對的，而不是絕對的，因此我們無法測量及掌握任何一個物體的位置與動力，這即是測不準原理。結論是我們對這個世界完全不了解。

今天有誰能告訴我們，什麼是空間、什麼是時間、什麼是運動、什麼是物質？有哪一位科學家，即使他得到諾貝爾獎，能夠告訴我們這四個名詞，而不會使我們覺得頭昏腦脹？沒有的！因此，我們覺得世界變得非常陌生。我們從前以為世界很美好，甚至充滿人性化的味道：「我見青山多嫵媚，料青山見我應如是。」詩人可以這樣描寫，但是如果真的去認識，就會發現那純粹是主觀的想像。世界的人性面貌是我們加給它的，其實世界是完全無情的，今天風和日麗，你說這個世界充滿溫暖；明天可能地震山崩，可能出現颱風海嘯，你又要怎麼說呢？人與自然界的疏離，即是「下不在田」。

我們對世界的了解越深刻，越發現人類是孤立的。由此再退一步，只剩下人類自己的世界了。原來還有天、還有上帝，現在遙不可及了；原來還有自然界，現在也不再熟悉了，只覺得非常陌生。

退一步來看，我們還有人類啊！人類至少是「人」「類」，至少大家是「同胞」。而事實上，從今天各國內部的紛爭以及國際之間的緊張情勢看來，什麼是同胞？什麼又是人類？連這樣的幻想也變得完全不可靠了。

社會與他人的張力

從二十世紀兩次世界大戰以來，我們必須承認，人類的世界是個自相殘殺的世界。人類帶給人類自己的苦難，遠遠超過上帝與大自然所加給我們的災害。戰爭是自古以來不曾停頓的最可怕的罪行。在這種情況下，我們還可以宣稱人類可以團結在一起，可以互相鼓勵，互相安慰嗎？我們還能奢望這樣的幻想嗎？恐怕越來越困難了。

近代以來，我們還接受了達爾文的進化論，把人看作是由低等生物慢慢演化成的高等生物，經過「物競天擇，適者生存」，人類證明自己是適者。然後，人類的世界本身也變成一個叢林，是為「社會達爾文主義」，把社會當成原始叢林，我們每一個人在社會上也都是「物競天擇，適者生存」，只有利害而沒有道義，誰講道義誰就失敗。

這是我們目前的情況。尤其在工商業愈發達的社會中，人愈發現沒有人可以信賴，沒有人可以託付。你必須為了生存發展而保護自己，這種感覺越來越深刻，越來越明顯。

電視上充斥著各種系列影片，都在描寫先進國家裡面從事商業競爭的故事，其中沒有一個取得快樂圓滿的結局。好像在人的世界上，從生到死就只是鬥爭的過程。難道這就是現代人注定的命運嗎？

面對這樣的命運我們要如何進行思考、反省與了解呢？我們不必幻想能解決命運的桎梏，那是不可能的，我們只能去了解它、接受它，然後努力超越它。在探索現代人的處境時，最好找一個具體的例子來說明這種荒謬的狀態。現代人的荒謬在存在主義作品中有非常深刻的描寫。

存在主義的傷痛

存在主義是二十世紀西方重要的思想學派，它之所以產生，是因為經過近代到現代，兩次世界大戰使得西方人發現集體主義的可怕。這種集體主義會使個人完全消失掉，所以為了保存個人生命的價值與尊嚴，就要聚焦於「存在」這兩個字。

「存在」是指個人的存在，亦即你、我、他，每一個人的存在。我們與天、與上帝斷絕了關係，與自然界疏離了、與人群也產生了矛盾衝突，最後剩下什麼？剩下我自己，你自己，每一個人的自己。這樣的自己重不重要呢？你說他不重要，就沒有人說他重要了，你能說他不重要嗎？顯然不能，因為不忍心這樣說。存在主義就是要指出這一點。

第一位代表是齊克果（Kierkegaard, 1813-55），他舉了一個例子，他說：「人活在世界上，就像一個酒醉的農夫，駕著馬車回家；他並沒有在認路，但老馬是識途的，表面上是農夫駕著馬車回家，事實上是農夫喝醉了讓馬車載他，是那匹老馬帶他回家的。」

人生就是從一個地方到另一個地方的過程，我們以為是自己在「過」生活，事實上我們是被習慣、被約定俗成的方式拖著走，醒來的時候已經到了另外一個世界。這樣的比喻頗為適合我們現代人。祕訣就是——不要清醒、不要思考，一清醒就有痛苦，就有困擾，你就跟著這樣走下去吧。齊克果反對這樣的方式，他說：「我們應該知道是我在生活，是我自己在生活。個人的存在包含他的自由抉擇，我可以選擇一般人認為不對的事情，但只要那是我的選擇，那就是我存在的意義所在。」

這樣的思想使個人的力量凸顯出來，運用自己的自由，不要怕面對自由，並且要為自己負責任。

從虛無到荒謬

存在主義有幾位代表，本文要介紹一位大家比較熟悉的，就是卡繆（Camus, 1913-60）。卡繆是一位文學家，他的生平可以說是現代人的寫照，非常悲慘。他出生於一九一三年，第二年他的父親參加馬恩河戰役時就犧牲了。他的母親是文盲，只能幫別人洗衣服，賺點錢養活家人。他自己由小學開始用功念書，得到獎學金繼續念下去。他喜歡戲劇與寫作，二十八歲就發表一篇小說名叫《異鄉人》，其中反映了一個現代人的生命際遇。卡繆說：「我能相信什麼？從生下來開始就活在一個充滿否定的世界裡，人生有意義嗎？沒有。」

他除了因為比較幸運住在地中海邊，有充分的陽光和海洋之外，什麼都沒有。「貧窮」是他小時候的寫照，這樣的一個人在成長過程中，碰到第一次世界大戰與第二次世界大戰，在他生命裡面有哪一點是可以肯定的呢？上帝存在嗎？上帝存在的話，人類世界為什麼那麼悲慘、那麼沒有正義、那麼沒有仁愛呢？自然界有什麼意義呢？除了陽光與海岸之外，他還能擁有什麼資源呢？人類可靠嗎？顯然這是個更大的問題。

由此可見，卡繆的生命過程是現代人最好的寫照，他在一九五七年得到諾貝爾文學獎，理由是「他的作品裡面反映了現代人的良知」。

以下我們簡單敘述他的三部作品。第一部是《異鄉人》。「異鄉人」原來的意思是「陌生人」，我們在世界上，有時候會覺得自己是一個陌生人。這裡不是我的家鄉，我感覺自己沒有來過這裡。

它的故事相當簡單，敘述一個年輕人，把母親送到養老院去，有一天早上他收到養老院的通知：「令堂病逝，請來料理後事。」看到這份通知，他心裡沒有什麼特別的感覺。好吧，去料理後事，然後碰到週末。週末的時候他照樣尋歡作樂，還到朋友家聚會。這個朋友跟一個阿拉伯人發生糾紛，拉他一起幫忙，結果他手上拿著朋友的槍，在沙灘上看到那個阿拉伯人亮出刀子。陽光很強，刀子反射的光射著他的眼睛，使他覺得非常刺眼，忽然想到人活著跟死了沒有什麼差別，就開槍了。開槍時，心想開一槍跟開五槍沒有什麼差別，就開了五槍，把那個阿拉伯人打死，而他根本不認識那個人。法院當然立刻把他抓去，審判時認定他是毫無人性，母親剛過世，卻毫無哀傷之感，然後對一個不認識的人，居然把他殺了，還開了五槍，代表是蓄意致之於死地，如果只開一槍還可以說是自衛，因此罪無可赦，判他死刑。牧師到獄中規勸他：「你現在相信上帝吧！」他會相信嗎？答案顯然是否定的。最後他有一個荒謬的願望：希望在他被處死的時候，很多群眾在旁邊吶喊。

這是什麼意思？從一開始男主角的母親死了，中間他殺了一個人，最後自己也死了。所以異鄉人是一個描寫死亡的故事，這個故事說明了每一個人都會死，這個世界只是我們暫時居住的地方而已。

這樣的小說對於當時的歐洲造成強烈的震撼，因為一九四〇年前後，正是第二次世界大戰，許多人覺得這個世界毫無安全可言。卡繆這部書不但反映當時人的心態，也彰顯人類普遍對於死亡的憂慮。他的對策是，你可以對死亡保持漠然態度，這是令人驚訝的。漠然代表不在乎，你一旦對死亡不在乎之後，還會對什麼事情在乎呢？道家的老子說過：「民不畏死，奈何以死懼之？」現代人居然也有這樣的心情，實在令人傷感。在《異鄉人》之後，卡繆寫了一篇劇本，叫做《誤會》。《誤會》是怎麼回事呢？先談死亡，死亡這個問題太大了，已經死去的人不能告訴我們什麼是死亡，尚未死亡的人總覺得死亡很遙遠，再怎麼想，它只是一個命定在未來發生的事，而不是具體的經驗事實。在這個時候，我們不妨談一談人類活在世界上能不能互相幫助、互相安慰，而造成一些可以讓我們活下去的條件呢？卡繆在《誤會》裡面想要問的，正是這個問題。我先大概敘述這個故事的背景。

卡繆的小說、戲劇裡，很少出現父親的角色，因為他沒有關於父親的經驗。《誤會》的大意是說：在歐洲中部的山區，有一個母親，帶著一兒一女過日子，生活非常辛苦，男孩慢慢長大，覺得自己窩在這裡沒什麼出息，不如離家出走到外面闖天下；於是不告而別，離家走了。離開大概十年，在外面頗有成就，賺錢娶妻，但是常常覺得不太快樂。太太對他說：「我們在這邊很好呀，什麼都有，你為什麼不快樂呢？」男主角這時說了一句話：「幸福不是一切，人還有責任。」這一句話令人驚訝。人難道不是在一個荒謬的世界裡面追求個人的幸福嗎？你現在有了幸福，為什麼不快樂呢？他居然說出「幸福不是一切，人還有責任。」但是我們不要忘記，在那個時候這句話對卡繆是一個幻想，沒有真實的基礎，要到後來才會證明這句話的意義。但是，當時說得出來已經使很多人驚訝了。男主角的太太認為這個想法也不錯，讓自己的母親與妹妹快樂，也是一種高尚的志向啊！她說：「好，我同意跟你一起回家去。」夫婦倆就一起回到歐洲中部山區的家裡。

本來這是個很簡單的故事，換作中國人來演，就直接回家表明身分說：「我回來了！」然後我的財產，分一半給你們，大家好好過日子吧！就形成一個快樂的結局，成為喜劇了。

喜劇不能說明什麼，悲劇才可以說明人生的真相。悲劇是怎麼發生的？這裡有一個轉捩點：在回家的路上，男主角忽然產生一個念頭，他想：「聖經裡面有個『浪子回頭』的故事，那個浪子那麼差勁，回家的時候父親仍是對他那麼好；我又不是浪子，我帶那麼多錢回家，應該受到更好的待遇。」他期望他的親人給他更好的待遇，就是這個期望使他致命，這是一個致命的期望。

「浪子回頭」的故事不一定是大家都熟悉的，所以我簡單介紹一下：新約聖經裡耶穌說過一個比喻，他說：一個富人有兩個兒子，大兒子很聽話，經常督導工人、農人做事，小兒子呢？被寵壞了，一天到晚好吃懶做。小兒子到了法定年齡的時候，就向父親說：「父親，我長大了，請你把一半家產分給我，我要去外面闖天下。」父親疼愛這個兒子，就把家產分了一半給他，小兒子就找一些朋友到外地去了，花天酒地，一兩年就把錢通通花光了。錢花光之後正好碰上荒年，根本找不到工作。弄到最後，只好替別人放豬，放豬的時候，他「恨不得吃豬吃的豆莢而不可得」，這句話形容得十分生動。一個人到了這種處境，再怎麼笨，也會反省。他開始思考，他想：我的父親有幾百個工人與傭人，每一個人都吃飽喝足，我在這邊那麼受苦，實在划不來。我要回家去告訴父親說：「我不配做你的兒子，請你讓我做你的工人。」想通了之後，他就往家的方向走，在遠遠的村莊路口，就看見父親站在那裡等他。小兒子正要跪下來懺悔的時候，父親把身上的袍子脫下來，披在他身上，手上的戒指也脫下來，戴在他手上，對他說：「你不必講了，回來就好了。」然後立刻召集所有的工人，要他們殺一頭最大的牛，把鄰居與所有的朋友請來，好好地舉行一場盛宴。他的哥哥在田裡，督導工人做工結束，回家時遠遠聽到歌舞之聲，就很奇怪，心想自從弟弟走後，父親從來沒有高興過，今天家裡怎麼忽然那麼熱鬧呢？就找一個工人來問，家裡出了什麼事？工人對他說：「你那個弟弟回來了！」哥哥就生氣了，不願意進去，父親知道後，出來對他說：「你一向聽我的話，我所有的一切都是你的，但是你這個弟弟卻是死而復生，失而復得，所以讓我們一起來慶祝吧！」

這就是「浪子回頭」的故事。聖經記下來以後，影響很多人，它使大家都相信，只要你願意悔改，你就還有希望。

男主角在回家的路上，想到的正是這樣一個念頭。他想：「我去外地賺了錢回家，媽媽不一定在門口等我，但至少可以認出我來，給我一杯免費的啤酒。」結果呢？他家裡的情況早已變了，由於太過窮困，而妹妹長大之後，又希望到外面美麗的世界享受自己的青春，就跟母親一起幹著謀殺單身旅客的勾當。她們開的旅館變成黑店，專門謀殺單身旅客。這時男主角走到家門口，對太太說：「你不要跟進去，以免他們認不出我來，因為我以前走的時候是沒有結婚的。」他就讓太太去住另外一家旅館，自己則回到母親經營的這家旅館。他母親不願正眼看他，她心裡想說，去殺一個你不認識的人比較容易下手。妹妹心裡想說，我要問清楚他是不是單身旅客，是否有錢。一個兒子，面對自己的母親與妹妹，母親年紀老了，心靈也慢慢麻木了；妹妹已經忘了哥哥長的樣子，這其間的誤會有多深呢？他們之間在談話的時候所產生的戲劇性的張力有多大呢？

這是卡繆寫的，當時他才三十一歲。這樣一個戲劇說明什麼？在我們人類的世界，人與人之間的溝通，往往非常困難，往往造成的誤會要比了解的機會多得多。這種現實的處境，沒有人可以避免，有時候我們對別人表示善意，但這種善意不但沒有被尊重，反而被曲解、被誤解，造成我們內心更大的傷害。為什麼會這樣？這是語言的失當，還是念頭的、想法的失策？很難講，也許這就是人性的本質。

你昨天對他講一句話，他可以了解；今天對他講同一句話，說不定他不能了解了。你說，我沒有變，但是他變了，要不然就是環境變了、時代變了、潮流變了，什麼都在變。那麼你如何才能適當表達內心的意思呢？這實在是自古以來，人類無法解決的問題，而這個問題在這個時代特別明顯，威脅也特別大。

所以卡繆在《誤會》的劇本裡，就充分地表達人類本身給自己造成的這種困境。不需要野獸，不需要大自然起來反撲，人類自己就可以使這個世界變成難以忍受的世界。

薛西弗斯的神話

我們已經大概說明了荒謬。卡繆在《薛西弗斯的神話》還專門探討荒謬。《薛西弗斯的神話》這本書，表面上是寫神話，事實上跟神話沒什麼關係，只是最後引用了希臘一段神話叫做「薛西弗斯的神話」。這本書的重點是在探索一個問題，就是：「在一個荒謬的世界上，人要不要自殺？」

「自殺」這二字，忽然之間說出來，會使我們覺得突兀，但事實上不然，「自殺」這兩個字是十分平常的。諸位讀者與我一樣，今天還活著，這就表示我們一定有一個活著的理由。如果我們不知道這個理由，是我們自己不夠真誠。你看到一個人活著，不管他快不快樂，他一定有一個活著的理由。你可以問他：「你為什麼到現在還活著？」如果他說：「我沒想過這個問題。」那麼他就是不夠真誠。他活著一定有理由，我們經常的答案是什麼呢？經常的答案是：「我活著，因為我需要工作，需要養家。」那麼很好，家就是你活著的理由。

但是「家」是什麼？家遲早會分散出去成為很多小的家庭。人家問你為什麼活著？你說為了子女，但是子女會長大、會離開的，那麼你為什麼還活著？為了我自己，但是我自己不是也會消失的嗎？

所以，任何理由都是有限的，但是在有限的理由裡面，你是不是還要選擇一個呢？比較可以說得清楚的理由是為了我自己。什麼是一個人的自己呢？這是我們稍後要加以說明的。

卡繆在《薛西弗斯的神話》中一再強調的是人間的荒謬。一方面，我們生活在自然界中，但自然界是不可理喻的，「不可理喻」這四個字，是真正「不可理喻」的意思。我們有時候覺得一個人不太講理，就說這個人不可理喻，但是他明天可能變得可以理喻，或者等一下心情好的時候，也就可以理喻了。

而自然界的不可理喻是永遠沒有機會翻轉過來的。但是人類又一貫地要求「了解」。請問：「生存下去」與「能夠了解」，哪一樣比較重要？也就是說，比較重要的是活著，還是能夠了解活著的意義？答案當然是第二點。如果人生的目的只是活著的話，那麼根本沒有任何問題，因為大家都活著。

但為什麼有些人會自殺呢？因為他們不能夠了解自己為什麼要活著，所以自殺。因此結論很清楚，了解比活著重要。人的本質就在於他有思想，可以了解，這種本質如果沒有發揮出來，則人的生命根本沒有任何精采可言，他不是在過一個真正的人的生活。

所以在《薛西弗斯的神話》裡，一方面說：人與自然界根本不能溝通，這裡面造成一個矛盾，人要求了解，而世界不可能被了解，兩者之間構成衝突與張力，使得我們活在一個荒謬的世界上。早上起來空氣清新，心情覺得愉快，其實這是上當了；晚上空氣污濁了，心情不好，那麼自然界會嘲笑我們啊！人類如果受環境的影響到這個地步的話，譬如今天颳風下雨我就不能做好人了；明天風和日麗，我就變成好人了，如此一來，人類豈不成了自然界的玩偶，讓自然界隨意擺布，那麼人的主體性何在呢？人生的意義可以在什麼地方得到肯定呢？這是第一方面，人與大自然的對立。

第二方面呢？卡繆就用神話故事來表達。《薛西弗斯的神話》有什麼樣的故事呢？薛西弗斯是一個人中豪傑，當他看到人類需要水，就去告訴人類什麼地方有河，結果人類就可以生活下去。但是這種舉動觸怒了天神，於是，天神開會，要懲罰薛西弗斯，因為他洩露了河神的祕密。

他們商議的時候就想：如何最嚴厲地懲罰一個人？結論是，讓一個人去做他永遠無法完成的事情。這是最可怕的懲罰。這些神實在很聰明，這種想法實在很有天才，只有神想得出來。

但丁（Dante, 1265-1321）寫《神曲》的時候，也有異曲同工之妙。《神曲》談到地獄，說地獄的門口掛著一個牌子，上面寫著：「進入此門者，放下你的希望。」這是地獄，你進去之後就再也沒有希望了。你想想看，人如果沒有希望的話，還剩下什麼？你可以擁有全世界，但你不能沒有希望，沒有了希望就沒有了一切。

於是，諸神懲罰薛西弗斯做一件永遠無法做成的事情，就是推石頭上山。山是斜的，石頭是圓的。石頭的重量正好讓薛西弗斯可以承擔，於是薛西弗斯的懲罰就是——把石頭推到山頂。但石頭怎麼可能推到山頂呢？因為一到山頂它就會滾下來，然後薛西弗斯就要走下山腳去繼續推。卡繆想以薛西弗斯的遭遇，來象徵現代人的命運。

譬如我們每天早上起來上班，就等於開始推石頭一樣，下班的時候則覺得好輕鬆。但是你不要忘記，石頭已經滾回山腳下，在那兒等你了！等你睡醒了之後，石頭已經在那邊等你了，然後你再重新去推，永遠沒有停止的時候。人生是不能夠免於自身的石頭的，所以「薛西弗斯的神話」這樣一個簡單的故事，就說明了現代人在整個生命過程裡的處境。

假如這又是荒謬的話，我們要怎麼辦？自殺是一個答案，但這答案是卡繆所反對的，也是我們所反對的。為什麼？因為有兩點理由：第一，人生是荒謬的，因此我要自殺。表面看來這是對的，但是，自殺是主動尋找死亡。而人間的所有荒謬，根本上來自於人皆有死，並且死得不明不白，不知道死了之後要去哪裡，也不知道自己為什麼會死？

在這種情況下，死亡是人類所有荒謬中最後一個答案，因為人類一定會死，所以我才有荒謬的問題。我們不妨假設，從現在開始，上帝大發慈悲讓所有的人都不死，那麼，我們會不會覺得荒謬呢？那就沒有荒謬的問題了。你說人生很荒謬，因為我沒有機會念一個博士；但是你不會死的話，一定有時間去念的。你可以活到兩百歲再去念，說不定那時大學比較多了，或是你的人際關係比較好了。你說我希望賺一億台幣，如果你不會死的話，你絕對賺得到的；只要每天存點錢就可以賺到。換句話說，人類如果可以不死的話，人生就沒有荒謬的問題，任何願望一定可以達成。所謂荒謬，是說我心裡有一個願望，而這個願望根本不可能達成，它是虛幻的，使我覺得活著沒有意思，這叫做荒謬。

因此，當一個人說生命是荒謬的，所以他選擇自殺，這是什麼？顛倒錯亂，完全是誤解。因為真正的荒謬是從死亡來的，結果你為了逃避荒謬而選擇自殺，等於是為了逃避荒謬而投入更大的荒謬，這是誤會。其次，自殺是一種選擇，任何一種選擇的行動所帶來的，都是對意義與價值的肯定。而自殺這種行動所帶來的卻是生命的毀滅，以至於意義與價值沒有一個附著的主體，也就是不再有任何真正的基礎。

一個人如果選擇自殺，就會因為他的選擇而使生命消失，但是任何選擇的目的都是為了使一個人生命的某種需要得以滿全、得以實現。在這種情況下，自殺又是一個顛倒錯亂。我明明是為了肯定某種意義的，結果正好否定了意義的主體，也就是我自己的生命。

所以卡繆反對自殺，他不但反對身體的自殺，他也反對思想的自殺。這一點更困難了。什麼叫「思想的自殺」呢？我們都看過電影《亂世佳人》，一部很好的片子。《亂世佳人》裡的郝思嘉，經過大風大浪，南北奔波之後，最後靠在門邊說：「明天再想吧！」

這句話非常好，你如果跟她一樣經過那麼多波折的話，也可以靠在門邊說：「明天再想吧！」因為你是還有明天的人。但是在這個時候，我們可以問：「明天再想嗎？」是要再想生命的問題？還是要把這個問題交給上帝呢？換言之，「思想上的自殺」是把問題推到後面去，今天暫且不要想它，要不然就把問題交給宗教。因此，宗教信仰被許多人視為一種逃避。事實上，在某一意義上，宗教是有逃避的作用，而這是很嚴重的問題。

我們現在所能談的是，宗教在某一意義上，確實給人的心靈某種安慰，可是那種安慰是不太實在的，只是使你轉移焦點，讓你在心靈上得到抒解的機會，讓你可以稍微承受世界上的重擔。所以卡繆認為人也不應該進行思想上的自殺，投入信仰，跳躍到另外一個世界。卡繆認為這樣也不對。

反抗與自由

面對一個荒謬的處境，人類要怎麼辦？卡繆給我們三個答案，他說：在荒謬裡面，我可以肯定三點：第一、我的反抗，第二、我的自由，第三、我的熱情。為什麼從荒謬可以出現「反抗」、「自由」、「熱情」呢？

首先，當一個人說，這是荒謬的生命，代表他知道什麼是不荒謬的。這一點推論很合理，因為任何否定都預設了某種肯定，肯定之事並未出現，然後才能加以否定。當你說這樣不對，就預設那樣才對；假如你不知道「那樣」是對的，你怎麼能說這樣不對呢？這是卡繆的推論過程。一個人說：「如果生命是這樣的話，就是荒謬的」，這表示如果生命是「那樣」的話，就不是荒謬的。所以荒謬帶來「反抗」，要反抗現在的情況。當我感覺到生命是荒謬的時候，就表示我對現在的情況非常不滿，我要反抗它，我要設法尋找另外一個可能的情況，所以荒謬會帶來「我的反抗」。

其次是「我的自由」。自由有各種定義的方式，我們這裡只講卡繆心中所了解的。他所謂的自由是說：如果生命是荒謬的話，那麼我們做什麼事與不做什麼事就沒有什麼差別，做這件事與做那件事也沒有什麼差別。請問這不是自由嗎？把自由說成為所欲為也可以啊！你說我今天喜歡幫助別人，跟我今天喜歡欺負別人，有什麼差別呢？因為最後大家都死掉了。

因此你對荒謬真正了解之後，就會發現自由的能量在無限地擴張，你做不做什麼事跟做這事或做那事，完全沒有差別。沒有差別就代表有無限的可能。所以從荒謬帶來我的自由，而這種自由不是我們一般所能想像的。

第三，是由荒謬帶來「我的熱情」。熱情是什麼？熱情就是一個人活得很起勁、有活力，熱愛生命。為什麼熱愛生命？因為如果最後是由死亡決定一切，使生命變得荒謬的話，那麼，我除了現在有限的生命之外，還有什麼？我當然要活得「量」非常多。什麼意思呢？就是別人每天吃三頓飯，我吃四頓；別人每天看三場電影，我看四場，因為我的生命終究會消逝。「浮生若夢，為歡幾何？」要「秉燭夜遊」啊！原因就在這裡。這等於跟時間競賽，因為最後死亡一到，就將結束一切，所以現在當然要把無窮的熱量發揮出來，使我的生命非常充實。而所謂的充實完全是量的充實。你這一生談一次戀愛，我談十次；你談十次我談一百次，我只能靠這些來展現我生命的意義，或者是沒有意義的意義。

這三個推論是不是合理？我看相當合理。荒謬原是惹人反感的名詞，一聽到荒謬，我們就覺得有消極的壓力，結果居然可以帶來我的反抗、我的自由、我的熱情，但這只是第一個階段，如果只是到此為止的話，那就像一個年輕人「少年不識愁滋味」，恐怕只是在奮鬥過程中的初步想法。對卡繆來說，得到這三方面的結論，是經歷了一個重大的轉變。

第二次世界大戰時，卡繆到巴黎參加地下抗德運動。法國淪陷了，一個知識份子看到許多暴行的時候，怎麼辦？這個時候要認真思考：我是一個個人，也是群體裡面的個人，我個人的生命與整個社會的生命，與我同胞的生命有什麼樣的關係，這個時候知識份子就要做深刻的反省。

卡繆的際遇很特別，當他在思考「反抗、自由、熱情」的理論時，正好碰到第二次世界大戰，使他有個親自驗證的機會。有一段軼事，值得稍作敘述：沙特與卡繆是當時法國文學界的巨星，卡繆比沙特年輕八歲，但是比他早七年得到諾貝爾文學獎。卡繆在一九五七年得到諾貝爾文學獎，沙特在一九六四年也獲此獎。而在一九四三年，他們同在巴黎參加抗德運動，暇時常在一起聊天辯論。沙特喜歡強調「絕對自由」，主張人有絕對的自由，可以做任何想要做的事。

卡繆則認為自由應該有所限制。有一次，兩人在沙龍中談天，沙特照樣大放厥詞，宣稱：「人有無限的、絕對的自由，可以做任何他想做的事。」卡繆表達不同的意見，但是依然各說各話。兩人都是辯才無礙，最後卡繆只好問他一個問題，他說：「好！沙特先生，假如人有絕對無限的自由，請問你現在能不能把我交給納粹德軍，說我是抗德份子？」這真是「將了一軍」啊！沙特想了半天，最後承認「不行」。當然，有些人會說「可以」。但光是說說是沒用的，因為一個真誠的人，應該知道言論和行動必須配合。難道沙特為了不肯認輸，就要說「可以」，然後真的為了證明自己的理論，就把卡繆交給納粹？沙特畢竟還是一個真誠的人，想了很久，沒有辦法，就是「不行」，為什麼？朋友之間的道義是勝過我個人的自由的。

換句話說，自由應該有所限制，以什麼來限制呢？以人性裡面高貴的情操做為限制。譬如友誼、道義、愛國等。由此可知，何以法國的人道主義能夠在第二次世界大戰之後開展出新的局面。

卡繆經過第二次世界大戰之後，就把他的「反抗」、「自由」、「熱情」轉化提升到人群的層次，得到什麼樣的結果呢？他說：「反抗使得我與其他人結合在一起，反抗人類共同的命運。」換句話說，原來我的反抗，可能是反對社會、反對自然界、反對上帝，現在我發現我的反抗應該是與人群結合在一起，反抗我們共同的命運。為了這個理想，他寫了一本書，叫做《瘟疫》，或稱為《黑死病》。這是卡繆的最後一部長篇小說。

接著，他的自由轉變成什麼呢？他要設法創造人類的幸福。我有自由，代表我可以創造幸福，他在《薛西弗斯的神話》最後說了一句話：「當我們知道生命是荒謬的以後，就忍不住想寫一本幸福手冊。」

的確如此，當一個人發現生命的本質是荒謬的，亦即活在世界上，所有的希望都不會得到滿足，人只是在做無謂的掙扎，實在很可憐。你看到這種可憐處境之後，就希望寫一本幸福手冊。卡繆說：我的自由使我有一種創造幸福的衝動，想要給人類帶來更多和諧，建立一個能夠讓人生存的處境。那麼，我的熱情呢？我的熱情要設法發展出人與人之間的團結合作。我的熱情不但是個人一種「量」的滿足，而且要進入「質」的境界。量與質不一樣。一個人活得很長很長，代表量很多；質則代表一個人活得很踏實。前面說過：「幸福不是一切，人還有責任。」「責任」這兩個字就是卡繆從量跳到質的關鍵。當一個人發現自己做為一個人，不能只求個人的幸福與享受，另外還有某種責任，這種責任可能是對自己，可能是對親人、對家人，也可能是對整個社會的時候，那麼這個人的生命就展示了明顯的蛻變與轉化。

量與質的差別十分明顯。量是指我這一生要活很久，做成很多事，享受很多東西；質是指我做每一件事的時候都是「我在做」，沒有一件事情是盲目的、被動的、跟著別人走的。譬如，由表面上看兩個人，會說他們差不多，都在做同樣的一件事，但事實上，要看各人內心裡面，對這件事的體認，是不是有一個清醒的「意識」與一個追求的「意志」。意識加上意志，可以使一個人展現清楚的生命格調。可以清楚知道是我在生活、我在選擇、我在負責任，這是使生命從量到質的轉變。這就是卡繆於第二次世界大戰，在巴黎參加地下抗德運動時所領悟的重要觀念。這說明了什麼？思想固然重要，人的實際經驗也不可或缺。兩者配合起來，才可使個人的意境不斷提升。

卡繆寫的《瘟疫》，故事大意是描寫奧藍城中發生了瘟疫，整個城被封鎖起來，斷絕對外交通。這個城象徵了大戰時的兩億歐洲人，與外界隔絕，也暗示整個地球上的人都患了病。這個時候自救、互相合作成為最重要的事。主角有一個是醫生，一個是牧師。醫生代表科學家，不信仰宗教；牧師代表宗教家，對科學沒興趣。平常這兩個人代表兩個世界，不相來往。但是到了那個關鍵時刻，兩人就放下成見，攜手合作，共同幫助有病的人。病人需要生理上的照顧與心理上的慰問，卡繆用這種方式把這一點表達得非常完美。這本書贏得了許多讚美。

瑞德爵士（Sir H. Read）說：「壓迫歐洲精神已經有一個多世紀的烏雲開始消散了，在憂患、絕望和虛無主義的世代之後，好像又可以開始去希望了，對於人、對於未來又有了信心。」希望與信心重新出現。卡繆以他個人的生平與著作，做為時代的見證，告訴現代人何去何從。

我們以卡繆為例，是因為他的一生與他的作品，都充分表達出整個時代的命運，提醒我們去思索生命到底是不是荒謬的？我們對荒謬要有怎樣的理解，怎樣的態度？

儒家的思考線索

接下去，我們要把焦點轉移到古代中國的儒家思想。儒家與荒謬有什麼關係？這是一個有趣的問題，孔子什麼時候說過人生是荒謬的？顯然沒有。孔子與孟子都不曾說出這樣的話。「荒謬」這個詞來自道家的莊子，所謂「謬悠之說，荒唐之言」，連起來稱為「荒謬」。但是在儒家來說，他卻能面對人類的處境，為人類生存提出一個有意義的方式。

儒家所表現的是一個永恆的例證，也就是在撇開各個時代、各種環境的特色之後，有沒有肯定人類生存的一種永恆的可能性呢？我們就以儒家為例說明之。

從事實到價值

儒家的思想，基本上是要設法在「事實」之上建構「價值」。我們所見的世界是一個平凡的世界，是誰使它不平凡呢？是人類。如何使它不平凡呢？由於人類可以建構價值。譬如我們看到一個人對父母孝順，就會覺得愉快，認為世界充滿希望。我們看到「孝、悌、忠、信、禮、義、廉、恥」這些所謂的道德行為時，會覺得人類與宇宙中其他的萬物是有點差別。把這種差別說得最清楚的正是儒家。

首先我們要知道，儒家不是一套安樂椅上的哲學。儒家事實上出現於一個極其困難的環境中，就是古代的春秋時代（722-481 B. C.）。春秋時代以四個字來形容，就是「禮壞樂崩」。禮樂是古人價值系統的基礎，現在瓦解了。瓦解之後，一切價值上的判斷，如是非、善惡、美醜、對錯、真假，全都失去標準了，這即是「禮壞樂崩」。

在這個時代，有什麼樣的後果呢？孟子說得很直接：「臣弒其君者有之，子弒其父者有之。」有大臣殺國君的，也有兒子殺父親的。這代表人與人之間的關係徹底瓦解。

因此，孔子的生平一點都不安逸，他看不過去，才決心周遊列國，在路上多次差點遇害。但是他並不氣餒，因為他知道生命有其特定的意義，人生不是荒謬的。孔子為什麼會有這樣的信念呢？因為為他對人性有特別的洞識。

現在，我們把焦點轉到儒家對人性的看法。要了解人的本性，必須看人的具體表現，這種具體表現是在自然的情況下顯示了內心的真情。我們在詢問什麼是人性的時候，我們所要的不是一套理論，而是人們自然表現的情況。這裡舉兩個例子來說明。

孔子的學生裡面有一位宰我，口才與腦袋都很好。有一天上課時，宰我向孔子提問：父母過世守喪三年太長了，因為君子「三年不為禮，禮必壞；三年不為樂，樂必崩。」人文世界就瓦解了，所以三年太長。那麼自然界呢？舊的米吃完了，新的米長出來，只要一年；四季輪流用來取火的木材，也是一年為期。所以自然界一年正好。兩方面合併來看，父母過世守喪一年就可以了。

這個學生實在聰明，事實上沒有人可以反駁他的論證，孔子也不例外。但孔子畢竟是至聖先師，立即把焦點轉移到內心，他說：「好吧！你不肯守那麼久的喪，那麼你吃的是很好的米飯，穿的是很好的衣服，你心裡安不安？」

換句話說，很多人講禪宗「直指人心」，事實上孔子早就「直指人心」了。當你做一件事時，是善是惡，不要只看外在，而要看你內心安不安？這是孔子的具體指示。結果呢？宰我可以自由決定，他說：「安」。他說安的時候，孔子對他無可奈何，就說「汝安則為之」。

我們講這段故事的用意，在於說明什麼是人性。人性在於人心具有安與不安的能力。就一個人來說，他與桌子、椅子不一樣，桌子有桌子的性；椅子有椅子的性。天空、大地、山河、日月、星辰，都各有各的本性，這種性質是千古以來不會改變的。你只要掌握什麼是太陽，太陽永遠一樣。但什麼是人性呢？人性不是靜止的，而是動態的、是活潑的。因為做一個人最主要特色在於他有自由，可以選擇。離開自由選擇的能力，就沒有人的問題。人的本性在於他有選擇的可能性，因此你當然不能問：「人性是什麼？」只能問：「人能夠成為什麼？」這就是孔子的卓見。

古時候並沒有使用這麼精確的語言，但他居然會問：「你心裡安不安？」這樣的問題。孟子則問：「你心裡忍不忍？」這樣的問題。孟子的例子更有趣了，他說：我們看到一個小孩慢慢爬到水井邊，心裡面都會覺得不忍，既也不是想跟小孩的父母做朋友，也不是不喜歡小孩的哭聲，也不是想做好人好事的代表，而純粹是沒有任何動機的，心裡面就會覺得不忍。我跟大家一樣，最初讀到這段話時沒有任何感覺。為什麼？因為今天找不到水井，不能做實驗，所以這水井的故事我聽不懂，一直到兩年前我才理解。

幾年前美國德州發生一件與水井有關的事。一個四歲的小女孩掉到水井裡面，這個故事在報章揭露之後，全美國人都發出無比的同情心，許多人每天見面互相詢問：「那個小女孩怎樣了？」美國人比較強調個人主義，平常是不太關心不相干的人來往的。我聽到這個故事，並沒有想到美國人的偉大，卻想到孟子的偉大，因為他在二千多年前就已經說過水井的比喻。

換句話說，儒家的思想透視到人性的深處，發現人的本質在於自由選擇的能力，因此人心是一個能夠活動的主體。「你安不安？」「你忍不忍？」所以心是活潑的。

如何定義人性？人性趨向於善。什麼是善？善是人與人之間適當關係的滿全。因此，我沒有見過善人，只見過做善事的人。我每年看到好人好事代表的選拔，就覺得很有趣，忍不住要發笑。對這種事發笑，不是我們某些人的專利。米蘭．昆德拉就曾說過：「人類一思考，上帝就發笑。」我們在這邊看到選拔好人好事也想要發笑。哪裡有好人呢？我們在世界上所見的，只是做了一件或幾件好事的人，對不對？你說他是好人，那麼他明天能不能變成壞人呢？絕對可以，下一剎那就可以變成壞人。事實上，另一人也不是壞人，只是做了一件壞事的人。並且，所謂「做了一件好事」是說：做了一件對某人來說是好事的事。譬如好人好事有一個是捐了一百萬給孤兒院，那麼他顯然是做了一件對孤兒來說是好事的人，他並不是「好人」。所以孔子說過：「善人吾不得而見之矣，得見有恆者斯可矣。」他的意思是說，我們在世界上看不到好人，我們所能看到的只是一直努力在做好事的人。

做一件對某人來說是好事的人，譬如我們見過一個人很孝順，但他不一定是好的朋友；一個人是好的朋友，但不一定是好的老師；一個人是好的老師，但他不一定是好的父親。這是很簡單的道理。所以，如果你要把你的「好」全部做到的話，非常困難，但就因為困難所以值得去嘗試。

儒家思想的意義就在這裡。沒有一個人是聖人，但每一個人都有可能成為君子、成為聖人。生命充滿向前開展的動力，人性是趨向於善的，這種力量由內而發，沒有人可以徹底消滅它。所以，對人性永遠要抱著希望。但是我們不要忘記，這樣一種希望是落在道德與人格上的希望，路線非常明確，但也相當狹隘。

為什麼儒家要選擇這條路呢？因為他們知道，人心有三種基本能力傾向：知、情、意。我有「知」，可以學得許多知識，以了解這個世界；我有「情」，可以發展我的審美情操，感情生活與藝術創作；我有「意」，可以自由選擇做許多事情，使我人格向上提升或向下沉淪。

儒家考慮的是第三項，涉及人格及道德上的自由抉擇，為什麼？因為沒有人可以離開社會而生活，沒有人是孤島。人若離開群體，從父母的關係開始消解的話，沒有人可以生存下去。所以在這個意義上，儒家所肯定的路，是一條永遠存在、普遍有效、必然要走的光明大道。換句話說，自有人類以來，沒有人可以離開人群的脈絡，從家庭推擴到整個社會，若是離開這個脈絡，最後也難免及身而亡。

所以孔子若與道家人士辯論，總是勝券在握。真正的道家人物，固然可以離群索居，不在意這個社會，求得個人的逍遙與精神上的解脫，然後呢？就沒有了。因為你個人要逍遙解脫，又怎麼能夠成家呢？就算成家也無法以此教導子孫！至於儒家，就可以積極成家立業，在社會上全力發展。請問你們接受哪一家呢？我接受儒家。所以這種爭論，在儒家來說是立於不敗之地的。

道德如何化解荒謬

這種選擇立於不敗之地，在中國如此，在全世界也不例外。此外，儒家所走的路有時讓人覺得相當狹隘。為什麼說它狹隘呢？因為道德不是生命的一切，人除了道德之外，還有什麼？還有「知」與「情」兩方面。我們介紹儒家思想，目的是要說明在一個荒謬的世界上，如果想要超越荒謬的話，那麼儒家所指的途徑是重要的參考線索。換言之，我要使我的生命有意義，就必須問我從哪裡來？我從父母來，因此我就要讓我的父母對我滿意。我有自己的家，有自己的兄弟姊妹與朋友，就要從身邊的人開始，成就生命的內在要求。

有人對孟子說，當皇帝快樂？當皇帝是很快樂，好像可以為所欲為，但是孟子答得非常好，他說：「當皇帝並不見得快樂，因為最快樂的是『父母俱存，兄弟無故』。」孟子這個答案就是出於儒家思想，因為父母健在的話，可以使我們體諒身邊跟父母一樣年紀的人。

「孝」與「悌」是人類最基本的情感，這兩種情感有了基礎的話，就可以推己及人，使整個人類社會成為一個大的家庭。因此，當你看到一個人的家庭是「父慈子孝，兄友弟恭」時，你若問他，人生是不是荒謬的，他會覺得很奇怪！

人生是一個不斷自我實現的過程，在這個過程裡面，我透過自由意志，使我的道德人格慢慢成長。在道德人格成長的時候，又與我的父母、親人、朋友、同學建立了適當關係，再慢慢擴充到整個社會的話，我就沒有荒謬的問題了。荒謬是關係斷絕之後才引發的，而現在我在生命的脈絡裡面，不僅關係永遠存在，也越來越擴大，從家庭到家族，再到國家，最後到整個人類社會了。

的確，儒家思想提供我們現代人，尤其是現代中國人，一條超越荒謬的途徑。它讓你清楚認識到生命的本質是處在人群脈絡裡，而這人群脈絡是彼此互動的。人性是向善的，而善是人與人之間適當關係的滿全，因此你不是一個孤獨的個體，而是一個脈絡整體的一個點，而這一點是牽一髮而動全身的，在這種情況下，荒謬的問題是不可能出現的，出現的話也很容易被超越及化解。

洞察人性與超越荒謬

接著我們要談的是對於人性的洞察，除了儒家之外，還有什麼別的途徑呢？就儒家而言，畢竟如我剛才指出的太狹窄了。有些人不喜歡儒家，或是說年輕的時候不喜歡儒家，年長之後才喜歡儒家，都有可能。但生命不能停頓下來，那麼怎麼辦呢？就要設法有別的超越荒謬的途徑。答案很清楚，「知」與「情」可以提供另外兩條線索，因為「知」與「情」也是人的天賦能力。

存在即是存在得更多

在此我要引述的是：「存在就是存在得更多」（To be is to be more.），這句話是存在主義者馬賽爾（G. Marcel, 1889-1973）所說的。這句話關於人的存在講得非常好，為什麼？當你說一個人的存在就是存在得更多，那麼一方面你肯定了生命是一個趨向，這個趨向是開放的，不會停頓下來的，生命是動態開展的，所以存在就是存在得更多，亦即存在就是自我實現，自我超越。這些話連起來看，就會發現，生命是一個向前開展的動力，是一個創造的過程。另一方面，以求知來說，我們從小到大都在學習知識，知識越多我們感到自己能力越強，所謂「知識就是權力」，這權力是指能力而言。知識使你了解世界，了解世界之後，你就可以擺脫愚昧與無知，這種樂趣、這種成就感是難以取代的。所以我們看到某一方面的專家學者出現的時候，我們覺得困惑的問題，他一說就非常清楚了，這就是他的知識所帶給他的成就以及對社會的貢獻。

有多少力量即有多少愛

追求知識的力量與要求是無限的，所謂「學無止境」、「學海無涯」，因此如果把有人生命定位在求知的過程裡，也是一種生活方式。

第二步就是情感。「有多少力量，就有多少愛。」這句話也可以倒過來說：「有多少愛，就有多少力量。」

我們往往會覺得自己力量不夠，我希望幫助別人，我希望做許多事情，卻力不從心。但是不要忘記，你有多少愛，你就有多少力量。愛如果可以無限開發的話，力量也可以無限開發。有一句話說得好：「女子雖弱，為母則強」，女孩子平常看起來比較柔弱，但是當了母親之後，為了自己的子女，比任何人都堅強。

有一件新聞，說一個母親從超級市場出來的時候，看到一輛卡車，即將壓到她的女兒，她就走過去把卡車抬起來，讓別人把女兒拉出來，還好女兒只是受點傷而已。然後她把卡車放下去，但這時全身骨頭都散開了，住院半年才痊癒。確實有這樣的事發生。要把一輛卡車抬起來，像我們這樣的壯漢，七、八個都不一定抬得動，但一個媽媽在那個時候，居然可以把車子抬起來，因為她要救女兒。

人的力量從生理到心理到精神，都有無限開展的可能。往往別人沒有給我們限制，只是我們把自己限制住了。所以，人生的荒謬，往往來自我們自己，停下來不願再去探索，遷就現實，到最後對自己也不滿意。日常生活就像薛西弗斯一樣，永遠在推石頭上山，永遠在做同一件工作。這件工作缺乏挑戰，連帶使我內心的創意無法發揮，結果生命就停頓下來，變成重複去做某些事，重複去回味那些已經做到的事，這樣的生命是貧瘠的。生命的本質在於創造，存在就是存在得更多。

重新開展自我的向度

「人生是不是荒謬的？」對這樣的問題，每個人可以提出不同的答案，但是我們在討論的過程中，已經清楚指出幾種了解的途徑。現代人對於超越界、對於自然界、對於他人與社會，全都斷裂了關係，現在我們要重新建構這樣的關係。從哪裡開始？從自我的存在向度開始。

自我不是一個孤獨的個體，自我從生命一開始，就是父母親合作的結果，然後有一個家庭的基本脈絡，由此可以使我們與他人的關係推廣出去，中間難免會有許多誤解，這是我們了解的，也允許它們發生。有誤解，才使得我們的存在面臨更大的挑戰，也需要激發更多的智慧。

第二方面，有關人類與自然界，我看最好的方式是「和平共存」，而不是「和平競爭」。大自然與人類是兩個世界，自從人類跨過反省的門檻，成為人類之後，大自然就永遠趕不上人類，總是跟人類有些隔絕的。但這種隔絕不是完全的隔絕，因為在生理上或生命的基本條件上，依然是互動的，所以我們要和平共存。

針對超越界來說，當我們想要追求一種質的倫理，而不是量的倫理的話，最後要問的問題，就是到底我們如何在相對的世界裡面找到絕對的價值？如果沒有絕對價值的要求的話，你現在做任何事有什麼差別呢？相對的東西就是五十步與百步的差別而已，做得多與做得少只是量的差別，而質的差別可能只是曇花一現而已。

所以，生命到最後要問到終極關懷的問題，你對生命有沒有根本的要求？這根本要求是絕對的而不是相對的。如果它是相對的話，你用這個做根本要求或終極關懷，跟用那個做根本關懷，有什麼差別呢？你憑什麼認為，這樣活著比以前更踏實？你憑什麼去評價別人，說誰比誰高尚、誰比誰活得有意義？

於是，人的尊嚴也建立在相對的基礎上，這個時候會碰到一個更嚴重的問題，就是與超越界的關係問題。如何在相對的世界裡找到絕對的基礎？如何在一個充滿變化的世界裡，找到一個不變的根據？這種要求與願望是每個人都有的。譬如我們常會想：「我的心很不容易滿足，但是如果我有了一、二、三、四、五樣東西的話呢，就滿足了。」要不要做實驗？真的給你這五樣東西，你馬上就會發現「我現在又不太滿足了，如果給我另外五樣我才會滿足。」結果呢？你永遠也數不完。

這說明了什麼？有限的世界無法滿足你無限的心的要求。為什麼一個有限的人，會有一個無限的心呢？這個無限的心怎麼樣才會滿足呢？向外追求還是向內追求？從這裡出發，可以去談所謂信仰的問題與宗教的問題。

我們每一個人的生命向度都是非常豐富的。人的生命是一個奧祕，而不是一個問題。問題預設了解答，有了解答之後，問題就會消失。但是自有人類以來，就沒有說是把人類的問題解決的，這說明了人是一個奧祕。奧祕不能夠被解決，奧祕只能夠被生活。當我們肯定生命是一個奧祕之後，我們就要跟生命裡所有的問題一起生活。譬如說，我們常看到現代人的各種問題，從個人事業上的成就問題，自我實現的問題，家庭問題，婚姻問題，各種關係的問題。這些問題都需要我們跟它一起生活，在其中體驗它的深度。沒有人能為別人提出答案，必須自己去生活。但生活需要有一種基本的思想方式。用思想來使你的生命增加深度，然後再用實際的生活體驗，來使這個思想充滿生命。這是一個循環的過程。我想每一個人在生命的追求過程裡面，都有這樣的經驗，只是程度未必一樣而已。

所以這個問題的答案：「人生是荒謬的嗎？」重要的不是「是」或「不是」，而是如何去了解這個問題，知道這問題是怎麼來的，現代人如何會陷入這種情況？如果要去思考、去解決的時候，可以有哪些線索以追尋。

從當代西方的存在主義及中國古代的儒家思想，或者從一個人的「知」、「情」、「意」這三種基本的性向去開展出來，都有可能使我們對這樣的問題得到更完整的了解。

對話

【問】縱使人生有意義，死亡也是一種命定，這要如何面對？其次，您相信有來生嗎？

【答】我們如何了解第一個問題呢？如果沒有死亡的話，人生的意義無從落實。反正大家都不會死，人與人之間也就沒有價值上的區分問題。沒有價值區分的話，你就不能建構，也不能破壞，而只能活著，像一棵千年的榕樹，或是像座山，永遠屹立在那邊。

其次，你相不相信來生呢？這要看我們對來生的了解。如果來生就像現在一樣，我們也在另外一個世界演講，或聽演講，那麼這樣的來生沒有意思。所謂「來生」，主要是有鑒於這個形體一定會消失，我們看到許多人死了，火化了，身體不見了，那麼來生是什麼樣子的？這才是我們思考的焦點。譬如，來生可能是人的意識的一種特殊的存在向度。我們現在知道所謂的三度空間、四度空間、五度空間都有可能；也就是說，在同樣的一個環境裡面，有一度空間恐怕是我們看不到的，而那一度空間可能存在於我們意識的特殊狀態中。它包含了我們這一生所做的一切，像一切念頭與一切的行為結晶。那個意識狀態在我們死了之後，身體不再存在於三度空間時，它可能存在於另外的一度空間。恐怕現在就有許多歷代的前輩在我們四周，這倒沒有關係，我們互不侵犯。所以，問一個人相不相信來世，等於問他相不相信有另外一種型態的生命存在。我的答案是肯定的，有另外一種型態的生命存在，如果沒有的話，等於是說，死亡之後一切結束，什麼都不要談。於是，早死、晚死，做不做這個事、做這個事或做那個事，都沒有差別。那麼，請問：我們內心裡面會同意它沒有差別嗎？沒有人會同意的。我們總是在做一些事，並且強調這是我做的，這說明什麼呢？說明我做的事永遠跟我在一起。這種內心自然的嚮往與要求，是無法解釋的，除非我們相信人死了之後，還有另外一種型態的存在。

【問】請簡要說明哲學對人生的價值。一個人需要具備什麼條件才適合鑽研哲學？目前哲學系學生的出路如何？

【答】我們從簡單的回答起。哲學系學生的出路不好，這其中的細節不用多說。其次，具備什麼樣條件的人可以念哲學？只要有正常的理性都可以念。哲學是靠人的理性，不需要別的實驗、技巧或特別的工具。只要你有正常的理性，正常的IQ，懂得自我反省，可以去思考一個現象，可以表達得清楚的，都可以念哲學。

然後，哲學對人生有什麼意義呢？它的作用不在於解決問題，而在於說明問題。從小開始，父母老師灌輸我們許多教條，往往不要我們去想，只要知道答案就好，照樣做就好。念完哲學之後，我們可以看到光天化日，但是光天化日並不代表你的世界就有價值，價值還是需要你去選擇與實踐的。換句話說，念哲學跟做為一個偉大的人，是兩回事，哲學念通之後，你跟一般人完全站在同樣的立足點上，但是，你看得更清楚，這一點十分重要。自古以來，有幾個人真正看得清楚的。大多數人到了死亡那一剎那，才會發現「唉呀，現在我才了解」，但是來不及了。念哲學的好處就是讓你在活著的時候，就已經知道你在死亡的剎那要面對的是什麼問題。所以在古代希臘哲人說過：「哲學是練習死亡。」念哲學的人喜歡把死亡問題拉到眼前來看，也就是說，假如我現在面對死亡無所逃避的時候，要如何選擇或安排我的生命？碰到這個問題時，你要如何使你的思考比較精密，對各種問題的掌握比較精確，這就是哲學訓練的開始。

【問】「幸福不是一切，人還有責任」，這豈不是告訴我們，人是為別人而活的嗎？您認為呢？

【答】幸福與責任往往是一種相互的關係。譬如，我要追求幸福，但是我發現自己對父母有責任，因此，我就把對父母的責任拉到我的幸福裡面來。換句話說，父母開心，我就更開心。我們都有這種經驗。你在愛一個人的時候，往往你的快樂就在於他是否快樂。「幸福不是一切，人還有責任」，因為這個幸福是包括責任在裡面的。

【問】在您認為，上帝真的死了嗎？

【答】那要看你對「上帝」的定義。關於上帝，每一個人的想法並不完全一樣。有人認為，上帝是整個宇宙最後的基礎，這樣一來，上帝永遠不會死，因為上帝一死，這個世界就毀滅了。其次，有人認為上帝像一位慈愛的父親，這就有一些問題，因為上帝的慈愛不是我們所謂的慈愛，上帝的正義不是我們所謂的正義。至於我現在講的，上帝是成為耶穌基督的上帝，這一點可以討論，也是很重要的問題。

【問】人生的終點是死亡，那麼活著的時候其所做所為又有何意義？

【答】人生最後一定會死，那麼你活著的時候所做所為和做什麼或不做什麼，有什麼意義呢？意義在於，是不是你做的。同樣一件事情，你做跟我做不一樣。你做的話，對我來說恐怕毫無意義，但對你來說，是有其意義的。為了使它有意義，必須知道你有清醒的意識，清楚地知道，這是我做的，是我願意做的。這也是我曾提到：「能夠做的、應該做的與願意做的。」在這裡面反省，掌握住其中的張力，然後就會發現，生命不再是量的累積，不是你活得多久，或是你做了多少事情，而是你所做的每一件事情是否都真正是你要做的，是否有你的標籤在上面，是否不是任何人可以取代的。因此，雖然人最後一定會死，而且不知道什麼時候會死，但是在生命的過程裡面，由於你自身的態度，可以使得你做一件事或不做一件事，以及如何做一件事都變成有意義。對你有意義，對別人有沒有意義呢？我們不能忘記，任何一個人的行動，都不只是發乎自己，到自己為止，而是從自己開始，在別人身上產生效果，再回到自己身上的。你清楚知道自己在做選擇，你會願意為這個行動負責；你做了之後一定會對別人或者整個社會甚至整個人類，有某種相應的影響，這影響回到你身上之後，才使這件事情完成，那麼你說有沒有意義呢？

【問】一個人的終極關懷，對他個人來說，有絕對的價值。但是對別人而言，可能是並不重要的、相對的說法。那麼，在追求個人終極關懷的時候，如何面對別人的批評？也就是說，在滿全人與人之間適當的關係時，如何兼顧別人的終極關懷？或者如何化解個人追求自己的終極關懷和價值時，所面臨的各種衝突？

【答】這是個很好的問題。我先簡單敘述一下它的意思。譬如，我有一個終極關懷，我認為這是絕對的，但別人恐怕認為這是相對的；要不然就是別人認為這是很重要的東西，而我認為不重要，那麼你如何協調呢？這個問題可以這樣去了解。首先，你要有寬容的心胸，因為一個人在不同的時空，碰到不同的刺激，不同的挑戰，他對生命的了解，對生命品質的掌握也是不同的。譬如，你沒有必要跟一個沒有談過戀愛的人說，戀愛是最重要的。「寬容」就是說，我雖然明明知道你的關懷層次很低，譬如以賺錢為人生最高目的；但是只要你真誠地去追求，以它做為你生命的重心，那麼沒有關係，你去做，這是寬容別人，避免判斷別人。

其次，當我有了終極關懷之後，別人說你的關懷也是相對的，那麼我怎麼辦？用行動證明。人的生命是相對的，但我們不要忘記，任何宗教，任何信仰，以及任何一種真正負責的哲學，到了最後的關頭，都是要以我相對的生命做為絕對真理的見證。為什麼我們常常提到像「殺身成仁，舍生取義」這些嚴肅的話？原因就是儒家認為仁與義是終極關懷，是絕對價值。也許別人會嘲笑，說這個不算什麼，那麼怎麼辦？要以我的生命做為見證。當我以有限的生命做為見證時，就可以使我的關懷成為絕對的關懷。這是人類唯一能做的事。離開這一步，請問我們怎麼判斷呢？我說家庭是最終關懷，他說是國家，另外一人說是文化，還有人說是他的宗教信仰或他的上帝，誰是對的呢？通通對是不可能的，通通錯是可能的，但是重要的在於你是以什麼樣的「態度」去信。話說得很大聲沒有用，譬如你說我的關懷是整個人類，很好，然後呢？你照樣是個自私自利的人，連身邊的人都不愛，怎麼關懷整個人類呢？換句話說，人的生命是有限的，你如果願意以有限的生命做為代價，就可以使你的信念從相對進入絕對。只有這一個途徑，就是你願意為你的信念犧牲生命。

【問】你相信人性本善或人性本惡？為什麼？

【答】這兩個都錯。人性是向善的。為什麼？人性如果本善，惡從哪裡來？人性如果本惡，為什麼要行善避惡？換句話說，我認為人性是一種趨向，不能說它本來有什麼。本來有的東西沒有價值，凡是有價值的東西，都是你在這一生裡運用自由意志去選擇之後才呈現的。沒有選擇就沒有價值。如果你本來就有善惡的話，善惡算什麼？善惡就變成一個事實了。事實和價值是完全不一樣的東西。譬如，我看到一朵花，這朵花有什麼價值呢？我說這朵花很美，那麼錯了，沒有葉沒有根的話，怎麼會有花呢？這朵花今天很美，明天凋謝的話還美嗎？就不美了。花對於我很美，對一隻狗來說的話，它也許只會想花能不能吃？換句話說，這朵花本身沒有什麼美的問題，所有的價值都是人類主動去選擇與創造出來的。所以人性既非本善，也非本惡，而是向善。在這一點上，我是儒家的忠實信徒。

【問】自焚或絕食，難道是對生命主體的否定嗎？這樣的自殺方式值得嗎？

【答】自焚或絕食是不是對生命主體的否定，這是很有挑戰性的問題。我們回答時必須想到一點，就是說，自焚的人與絕食的人，真正的信念是什麼？他是要證明什麼？如果他要證明的，是人類普遍可以接受的，像民主、自由、愛、關懷的話，我們可以肯定他。如果他表現的價值是恨，是詛咒，是一種給你們難看，這就很可惜了。因此在這個地方，我們避免判斷這樣的問題。別人已經付出他的生命做為代價，我們在下判斷時，有時不一定公平。因為你或許了解一個人的表面，但怎麼去了解他的心呢？聖經上有一句話說得很好：「不要判斷別人，免得你們受判斷。」我們的原則是要自我反省，盡量反省自己，同時只能以別人的例子做為參考。

【問】人生若不是荒謬的，就是幸福，但是這要我們去追求與付出。可是在愛情中，應該是看雙方是否合適，若不合適是否是荒謬？

【答】這是很有趣的問題。我曾經問過我的學生：被愛是不是幸福的？許多女孩子特別喜歡被愛，就回答說被愛是幸福的。事實上未必如此。要看被誰愛，被一個你所愛的人愛實在是很幸福的，但是被你所不愛的人愛，恐怕帶來無窮的痛苦。所以在這裡我們要注意到感情之間的一種有趣現象。一般說來，每個人心中都有一個理想的異性，這個理想異性是怎麼形成的呢？

從小開始，你對母親、對姊妹、對身邊的一些異性慢慢認識，長大之後聽到許多故事，看到許多電影，增加了你對異性的了解，然後塑造成一個結晶。你喜歡的恐怕是一個人的某種品質。譬如說，這個女孩子臉型如何，所以你覺得很美，事實上這種美都是相對的。有一次一個朋友說他終於找到了全世界最美的女孩子，他一定要帶我們去認識。我們大家就穿戴整齊，去看全世界最美的女孩子，看到的時候才發現並不特殊。但是對他來說，她是完美的化身，她就是美。換句話說，感情裡面沒有絕對的標準，每一個人在他生命的過程裡，對美產生一種結晶，這種結晶可以放在某一特定的對象身上。這特定的對象怎麼吸引他呢？恐怕是經由某個動作，或某句話，甚至是她講話的聲調，也可能是由於她對小動物的照顧，或是她的一個手勢，就使他忽然感覺得到一種暗示，提供了一個線索，使他發現這個女孩子完美的一面，而事實上她未必是完美的。第一度的結晶一定會破碎，破碎之後才是真正的考驗，看你能不能再產生第二度結晶。所謂結晶，就是把很多素質凝結在一起，形成像一個五彩繽紛的結晶體一樣。第二度結晶成功的話，愛情才有真正的保障。所以，戀愛往往是開始時很美好，中間經過「春秋戰國」時代，但是只要吵不散，就會再度結晶，再度結晶之後，就可以含括包容在裡面，這時的感情才比較穩當。

【問】良知與宗教互相衝突時，應該如何取捨？

【答】良知是內心對自我的要求，告訴我應該這樣做或應該那樣做。宗教則表現為外在的規範或戒律，要求我這樣做或那樣做。所以在正常情況下，不應該有衝突。衝突在於宗教的規範是人所訂的，往往變成人類的社會結構之一，同時它給人的規範，並不都是人類原來應該有的。

【問】儒家思想裡的孝，會不會阻礙一個人年輕的歲月，使他無法完全發揮？譬如，年輕時就為老年做準備，譬如年輕時不孝順父母，老年時又將怎麼辦？

【答】儒家的思想是把你放在人際脈絡裡面，讓你在生命旅途上的每一步，從小開始，都不要落空。與父母一起成長，然後與父母一起成熟，可以看到整個生命的過程。我們年輕時，看到父母老了，知道將來自己也會老，因此就要對子女好一點，這不是正確的意思。人自然而然處在生命的脈絡裡，一個扶持一個，你現在照顧父母，將來子女照顧你，這並不是可以先講好條件的，就好像要子女答應將來照顧我，我現在才願意照顧父母，而是反求諸己，看看自己內心的需要與傾向往哪裡發展，就設法去實踐。

【問】儒家固然重視道德，同時似乎也重視情，這從論語「子於是日哭，則不歌」可以證明。先生說儒家在知與情方面有些缺乏，似乎有些問題？

【答】儒家所謂的道德，是由真正的情所發出來的，這一點沒有問題。我剛才說，儒家重視的是道德，對知與情比較疏忽，這是因為我要強調，知與情的立足點不是人人平等的。知需要ＩＱ，而每個人的ＩＱ不一樣；情需要審美的感受能力，而感情的豐富與冷漠，是每個人不一樣的，但是，道德上的要求則是人人一樣的。所以在強調儒家這一點的時候，就凸顯出它忽略情與知。不過就孔子本人來說，他的感情非常豐富，這一點是沒有問題的。

【問】相對價值與絕對價值，兩者之間如何界定？

【答】我們先把名詞界定清楚。所謂相對價值就是說，你做這樣事情與不做這樣事情，差別不大，做這樣與做那樣，也是差別不大。這個時候，你會說：我不一定要做了。所謂「相對」，一定會造成互相對立的情況，都可以，也都不可以。至於「絕對」，就是說你非做不可，你不做的話就錯失了你生命之根本的要求。

【問】從中國歷史看來，儒家在中國的存在已經有兩千多年，但是中國卻沒有治理好，其問題癥結究竟在哪裡？

【答】這一點在漢武帝任用董仲舒之後，採行「罷黜百家，獨尊儒術」的「儒術」這兩個字，就可以看出來，儒家沒有得到正確的了解。儒術的「術」，代表統治的技術，就是把儒家當成統治的技術，讓它在政治結構上，在教育設計上設法運用。這只是利用儒家而沒有真正發揮儒家的精神。中國歷代大都是陽儒陰法，或陽儒陰雜。表面上打著儒家的招牌，事實上用的是法家或雜家。所以我們千萬不要把歷史看得那麼簡單，好像以為儒家已經出現兩千多年了，而中國沒有治理好，這就代表儒家不行，我認為這是不妥當的說法。

第三章：尋找真正的信仰

首先我們要對這個嚴肅的問題，做一次比較輕鬆的期待。信仰是很嚴肅的問題，但是人生有嚴肅的一面，也有輕鬆的一面。我們可以從自己小時候的一些經驗開始想起，我們都有過懷疑的經驗，小孩子最喜歡問的問題是：「為什麼？」他對許多事情都感到好奇、感到懷疑，想要知道為什麼一定是這樣而不是那樣。但是慢慢長大之後，我們發現這些詢問「為什麼」的態度，被我們的知識所取代了。

所謂的知識、理論，就是用一個觀念來解釋我們的「為什麼」，這種解釋不一定是完全正確的，所以知識可以不斷進步，理論可以不斷修改。但是，最可惜的就是我們放棄了追問「為什麼」的這種心態。

信與不信之間

回想一下，我們有時候會問一些像「球為什麼往下滾而不往上走呢？」這樣的問題。這個問題很容易回答，因為有地心引力，而每樣東西都有重心，就使得它往下走；那麼鳥為什麼可以飛呢？因為鳥有它的本能，使它可以暫時離開地心引力，可以飛起來。此外，我們可以進一步追問：「人為什麼會老呢？」「哦！人長大就會老了嘛！」「老了為什麼會生病呢？」到最後我們還要問：「人為什麼會死呢？」「既然人最後會死，他活著又是為了什麼？」這樣的問題，不管在生命的哪一個階段提出來，不管你得到什麼樣的答案，我想都沒有根本加以解決，因為這樣的問題本身已經不是問題，而是一個奧祕。對於奧祕，我們可以用某個觀點來說，也許我們雖然認為科學家懂得許多知識，其實恐怕只是看到一個光天化日的表面世界。所以我現在要簡單介紹愛因斯坦對這個問題的看法。

愛因斯坦是當代第一流的科學家，他有一段話是這樣說的：「人生有許多經驗，其中最美的莫過於對奧祕世界的親證，對奧祕的世界、對你不了解的神祕世界的一種親身經驗。這是藝術的根源，也是科學的根源。藝術與科學有同樣的根源，都是起源於驚訝：『為什麼是這樣而不是那樣？』如果你在這一生裡面，從來沒有過這種經驗，不能夠懷著一種驚奇的心，停下腳步，而且以一種敬畏的心來沉思、默觀這些奧祕的話，實在是虛度此生。我們知道許多東西是沒有辦法認識的，卻照樣存在；同時我們感受到這些東西展現出很高的智慧，以及極美的真理。我們這種知道與這種感受，是真正的宗教情操的核心。」這段話聽起來像一個牧師講的話，但是，卻出自愛因斯坦之口。做一個真正的科學家，他唯一給自己的保證，就是永遠對世界保持一份驚奇、敬畏的心。

宇宙的奧祕不斷在開展，但永遠無法被我們窮盡。人生有沒有絕對真理？有的，但我是相對的，你是相對的，每一個人活在世界上，當他要去追求、了解一個對象的時候，他都必須有一個立足點，立足點是他的憑藉，是他的基礎，也是他的限制。你在這一點，你就不能看到全部。你說我要看到全部，你就什麼都沒有看到，因為你已經在這個全部裡面了，這就是人類生命的限制。但是，這種限制是不是缺點呢？坦白說，它正好使得人生成為一連串的奮鬥、探索、冒險的過程。

我們可以想像一下，假設人都不會死，人生所有問題全都一目了然的話，人生還有什麼意思呢？人生的意思忽然之間淡化了，你的各種追求都是永無止盡的，那樣的世界跟現在的世界可以說是絕對的不同。所以，我們今天要談的是，從這個世界上我們人類的生命經驗出發，來思考我們對於宗教與信仰應有之基本的了解與正確的態度。

這裡採取的立場是人文主義，就是設法以人的理性做為基礎，來思考宗教與信仰。我們避免採用任何一種既定宗教的教義以及它的特定解釋，做為我們的出發點。這是我們第一步要堅持的，接著我們就要從幾個角度來進行討論。

信仰混淆的時代

我們聽到「信仰」的時候，會覺得這是個人的事情。你相信什麼就是什麼，我相信的跟你相信的往往不一樣，但沒有關係。所以，首先我們要知道信仰與知識不一樣。知識是共同的，譬如我們現在有一套科學知識，關於天文學、物理學的解釋，這是可以分享、可以重新去實驗，讓每一個人按照一定的步驟去了解的。我們認識社會科學，像一個社會的結構如何，那麼也可以經過某種資訊的收集、分析、整理、統計，得到一些共識；但是愈往下走的話，碰到人本身的問題，就沒有公式可循了，尤其碰到信仰的時候，更是如此，那是一個人生命的核心所在。從小到大，我們的知識既然不斷進步，就預設了這種知識永遠沒有辦法掌握一切，因此我們的知識永遠是有限的。這是很有趣的一個題材。

我們說科學很了不起，不斷進步，但是就因為科學不斷進步，所以科學的限制最大。如果沒有一個外在的、不可了解的世界的話，它無從進步起。它往哪裡進步呢？而這個不可了解的世界，你憑什麼去肯定？「憑信仰」，假如沒有信仰的話，一個科學家也不能成為科學家。如果他根本不相信在他之外，還有個奧祕的世界存在，那麼他的科學知識到此為止，絕對不可能再往前進。所以，一個誠懇的科學家，一定要承認有一個奧祕的世界存在，在他的知識範圍之外，等待他不斷去開拓、去發現。

這說明了什麼？科學家尚且如此，何況我們一般人呢？從小到大，我們對於許多還不了解、還不能用知識來解釋的情況，我們憑什麼去接受它、肯定它、跟它一起生活呢？憑藉我們的信仰。所以，一個人在反省的時候，會發現有許多事情是自己沒有理由就接受了，因為這些事情是父母告訴我的，老師告訴我的。譬如說，人死之後還有沒有生命？你根本沒有知識可以去回答這個問題，於是只能說人死之後還有來生。那麼我就要問，這是哪一種宗教的說法？於是宗教就出來了。

宗教是保存信仰的一個機構，宗教是人造的；有人之後才有宗教，宗教是為人而設的。在原始的時代，沒有宗教的問題，只有信仰的問題。原始人活在世界上，為了要生存下去，於是肯定：山有山神、海有海神、風雨雷電都有神，對於颳風下雨地震打雷都很害怕。在那個時候，因為人類知識非常有限，所以只好說這些後面都有神，所以我誠心信仰，希望可以與眾神溝通。神發怒的時候，我就殺幾頭牛獻祭，設法平息神的憤怒。不管結果能不能平息，如果地震一直下去的話，人類可能通通都消滅了。地震如果真的停下來的話，則殺這頭牛就殺對了，以後為了祈求而殺牛就成為儀式，並且流傳下來。

如果宇宙裡面沒有神可以讓我們去信仰的話，那麼太可怕了，因為我們對自己所不了解的世界毫無把握。人活在一個毫無把握的世界裡面是無法忍受的，人類的文明也不可能開展。所以，我們今天第一步，就要設法先了解信仰。

現代人以為自己很有知識，事實上我們現在面對的問題比起古人的並沒有減少，可能反而愈來愈複雜。像在台灣，最流行的就是算命，許多高級知識份子也照樣去算命。為什麼需要算命呢？中國人看待算命，等於在西方求助於心理醫生，有一樣的作用。在芸芸眾生的社會裡，自己的主體性早就受到壓制，甚至消失了。別人只問你有什麼用，見面的時候給一張名片，名片上面都是你的功能，而不是你的意義。因此，你需要求助於心理醫生，當你求助於心理醫生的時候，在那一剎那，你成為世界的焦點，換句話說，別人很仔細地分析你哪一年哪一月哪一日什麼時辰生的，忽然之間你的生命變得很有意義了，成為一個中心。然後別人分析下來的時候，你還發現很有道理。所以，基本上我對於算命並不是很排斥的，因為它有撫慰心靈的作用，與西方或美國所謂的心理分析家、心理醫生的角色相當接近。並且很少有人真的是按照算命的每一項結果，去安排自己的生活，所以這表示我們還是講理性的。

為什麼要有信仰

多年前，伊朗宗教領袖下令追殺撰寫《魔鬼詩篇》的作者。台灣的舞台劇發生過《思凡》事件，電影也出現《基督最後的誘惑》。由此可見，各教都有他們本身的問題，這些問題造成了人類整個世界，或某一地區裡面，重大的心靈上的震撼。到底人的自由的理性，與宗教的信仰能不能協調？又要如何協調？這樣的問題大概每個人都想過，那麼我個人的信仰要如何安排呢？宗教向來有多元化的現象，我們現在看到許多宗教同時存在，這代表兩件事：第一、它們不可能都是真的，因為它們之間互相排斥，但卻有可能都是假的。第二、我個人所信的到底是真的，還是假的？這兩個問題立刻出現。更重要的是第二個問題，如果我信了一輩子，以為只有這一條路可以得救，後來發現其他人信別的宗教，也信得很快樂、很踏實，這時我會忽然懷疑起來——我的信仰是不是唯一的正路呢？西方人就有這樣的懷疑。西方人原來以為基督教是唯一的宗教，到了中國及印度之後，卻發現好像不見得，還碰到伊斯蘭教，占了很高的人口比例。所以，這種宗教的多元化現象，使得人類對於自己個人何去何從，重新產生懷疑。所以我們要進一步，以一種比較直接的方法來說明。首先，宗教的存在是人類有史以來客觀的事實，今天是一個科學非常昌明的時代，也沒有能夠把宗教徹底排除，為什麼？因為人是宗教性的動物。

存在主義之父齊克果（Kierkegaard, 1813-55），說過一句話：「你要做一個真正的人，你就要做一個宗教人。」換句話說，真正的人生是一種宗教的人生。這句話聽起來很刺耳，為什麼真正的人生是一種宗教的人生？這是說，需要有一種虔誠的心態，真正的人是很根源性地活著，他活得很根本。譬如，我活在世界上，每天早上起來都要想：我將來會死，死了之後我要去哪裡？我這一生是怎麼來的？這些是根本性的問題。每天都要想這種問題，而又沒有答案，怎麼辦呢？因此，很明顯會有一種宗教性的需要。這是一種相當極端的表達方式，對現代人來說，它有深刻的意義。

宗教是一個客觀存在的事實，它的價值應該受到肯定，我們就從以下四個角度來分析。

首先，社會學家喜歡強調宗教是社會的工具，甚至是政治的工具，譬如在政教合一的時代，政治利用宗教，社會利用宗教來鞏固群體的團結。社會是由個人所組成的，個人不可避免地都有一種自利的心，為了個人利益可以傷害群體利益；那麼群體為了保護群體的和諧與統一，就要壓制個人，怎麼辦呢？於是發明一種宗教，用上帝，用來世來壓制個人，使他的欲望不要過度膨脹，不要傷害社會整體的利益。這是社會學家的說法，認為宗教是社會的工具。這種說法事實上是不對的，因為沒有一種傳統宗教是以一個既成社會為它的訴求對象與訴求範圍的。每一種宗教，像佛教、伊斯蘭教、基督教、天主教、甚至印度教，它們都沒有宣稱只有某一個社會裡面的人，才可以信仰。

同時，每一種宗教都是對整體人類的道德做訴求。換言之，宗教立下教義的時候，一定說我們這種宗教是對「人」如何，而不是說對某一個社會的人如何。如果你把對象局限於某一個社會的人的話，那個宗教就很狹隘、很難生存發展，亦即社會一改變，宗教就不見了。這個說明這樣的宗教是站不住的，它不能成為一種真正的宗教。

還有，宗教現象有一種特色，一個社會愈贊成一種宗教，這種宗教就愈容易被腐化。我們說「權力使人腐化」，權力也可以使宗教裡面的人腐化。像在中世紀時代，羅馬的教皇可以管到歐洲各國諸侯的政治權力。每一個地區的王在加冕的時候，需要教皇委派一個主教去主持，代表他的權力最高；結果，羅馬教會在那個時代逐漸腐化，到了後來，需要有馬丁路德（M. Luther, 1483-1546）起來從事宗教改革運動。為什麼？因為是人在信仰；信仰不會腐化，人可能腐化，並且人在一個權力結構裡面，很難免地都會腐化。反過來看，一個宗教如果被社會所壓制、被政治所壓制的話，它的信徒卻信得更堅定。

有一部電影《龐貝城的最後一日》，影片描寫羅馬時代的龐貝城。龐貝城鄰近有一座維蘇威火山，火山爆發之前，城內生活的一景是：只要查到誰是基督徒，就抓去鬥獸場餵獅子、殺掉，但還是有很多信徒，為什麼？政治與社會聯合起來壓制基督徒，基督徒反而覺得精神振奮。人會死，上帝不會死；人既然會死，就該尋找一個不會死的上帝與天堂，所以那個時候基督徒有昂揚的鬥志，認為被殺死、被獅子咬死是光榮的事情，他們渴望做烈士。三百年之後，天主教成為羅馬帝國的國教，那時候的基督徒就不一樣了，有些人吃飽喝足過得非常安逸，此時宗教精神就不見了。這裡補充一句。所謂「基督徒」，是指相信耶穌是基督的一切信徒。按時代先後，有「天主教、東正教、基督教」，可以統稱為「基督宗教」。台灣最有名的例子，是錫安山事件。高雄錫安山有一群基督徒說，這個錫安山就是耶穌要再來的那座山，他們就到山上去，住在那邊。警察依法前往取締，但是愈取締，這些信徒就愈有鬥志。他們認為自己的信仰是真的，願意為上帝而犧牲。後來政府裡面有些懂宗教的人，建議停止取締，然後這些人忽然之間覺得有些無趣，好像沒有人理會他們，抗爭的情況也就消失了。

如果宗教是社會的工具，那麼宗教與社會應該結合在一起，如果宗教對社會好，社會也對宗教好的話，宗教反而會慢慢腐化；社會對宗教不好的時候，宗教卻反而很興盛。所以，我們第一點，是要批判社會學家認為宗教是社會的工具這個觀點。

第二點要針對佛洛伊德（S. Friud, 1856-1939）的心理學。佛洛伊德講的是潛意識心理學，認為人類表面一切有意識的行動與思考，以及人類文化的產品，都是潛意識昇華之後的結果。就宗教而言，他認為宗教也是一樣的，宗教是人類心理上的拐杖。一個人如果腳壞了，受傷不能走路，就需要拐杖。但是不要忘記，心理上我們恐怕也跟一個受傷的人一樣，不能走路，需要拐杖；而宗教就是心理上的拐杖。譬如本來我心理很脆弱，自從信了某個宗教之後，變得非常堅強而安定，並且充滿信心。佛洛伊德這種解釋，我們不能全盤否認，其中有一部分是對的。我在美國念書的時候，看到一些留美的同學，他們在台灣什麼教都不信，到美國念書之後，不久就信了基督教，為什麼？因為在那種壓力之下，心理非常脆弱，需要一個拐杖來支持，所以，考試成績好的時候，讚美上帝；考試成績不好的話，就想想自己什麼事得罪了上帝，卻不想是書沒念好。這就代表宗教對他是一種心理上的拐杖，不太健康的。等到有一天他書念完了，進入社會功成名就之後，恐怕就認為自己不需要拐杖了，因為得到社會上的支撐力量。這是偏差的態度。宗教對一個人是要回應生命的根本要求，我們也許可以利用宗教，但是不能利用信仰，至少不能一直利用下去。

第三點，再進一步，也就是針對人類學方面。有些人類學家認為上帝並沒有造人，而是人造了上帝。想想看，我們形容自己所信的佛也好神也好，都是長得跟人很像的。釋迦牟尼的佛像到中國之後，就變成中國人的佛像了，長的樣子跟印度人不一樣。甘地是印度人，我們看《甘地》這部電影，發現印度人就是那副長相，黑黑瘦瘦乾乾的，釋迦牟尼以前大概也是那副長相。但是到了中國之後，就變成像彌勒佛一樣，具有中國人的那種豐美的身段。耶穌也是如此，基督宗教傳到非洲的時候，耶穌變成黑人，不改變的話，黑人會說太過分了，為什麼上帝也是白人？上帝應該是普遍的，他不應該限定自己是白人或黑人。事實上耶穌是黃種人，跟我們差不多，猶太人原來也是黑頭髮、黃皮膚的。因此，人類學家提出批判，認為說是人造了他的上帝。這個說法對不對呢？也有一部分對，但是不要忘記，真正的核心不在這裡。真正的核心不是神與佛長得像誰，而是他所宣講的教義是什麼。

最後一種，是針對語言學上的批判。有些學者認為，宗教徒所說的語言，都是沒有意義的。舉例來說，「神愛世人」，有誰聽得懂這句話呢？每天打開報紙都看到有人發生車禍，小孩子生下來就死掉了，許多人沒有犯什麼錯卻受到很大的痛苦；神愛世人，祂怎麼愛呢？我今天中了獎，表示神很愛我，我明天發生別的困難，神也很愛我嗎？所以這個「愛」就很難解釋了。在宗教裡面所使用的語言，都沒有對象；我說桌子存在，大家都了解，我說上帝存在，卻沒有人了解。那麼要如何解釋這種語言？這是一個很好的問題。我們可以簡單回答如下：當一個人說上帝存在，或是說涅槃世界存在的時候，他所說的並不是在某個地方某個時間有個上帝存在，長得什麼樣子，不是那個意思。他所說的是：我的生命的基礎不會落空。就是這麼一句話。當一個人說「上帝存在」的時候，他的意思是說：我這個人的生命基礎不會落空，我死了之後有地方去。當一個人說「神愛世人」的時候，他的意思是說：我要以愛做為我生命的最高目標。所以你要懂得宗教徒所說的話，宗教語言跟道德語言很接近，都是指向一個目標，表達我的意願。當我說人應該誠實，代表有很多人不誠實，不誠實又怎麼樣？但是我說這句話有意義，又是為什麼呢？因為當我說人應該誠實的時候，意思是說我這個人要以誠實做為我行為的典範。這種道德語言與宗教語言的意思，跟科學語言不一樣。科學語言說，這邊有兩盆花，那麼你一定要看到、摸到，才能說這句話是對的，是有意義的。但是所有的語言都是科學語言嗎？顯然不是，這是很大的誤解。所以基本上我們要知道，我們所使用的語言裡面，很少是日常的科學語言，像海水正藍之類一般的語言，去看了就知道海水是不是藍的。但是有幾個人每天使用這種語言？我們平常來往的時候會說，你的眼睛像月亮一樣美，你聽到的時候會不會嚇一跳？月亮又大又黃，變成眼睛的話，我不是怪物嗎？但是這種語言就叫做比喻的語言。所以人類使用語言，絕對不是以一種科學的方式，直接去用眼睛看、用手去觸摸才可以證明的。人類之所以做為人類，他的語言有多種使用的方式，我想這一點如果說明的話，語言學家對宗教也應該保持緘默。

存在與價值之根基

人生要問的是兩個問題；第一、我的生命是怎麼回事？從哪裡來，往哪裡去？第二，我的生命是怎麼回事？它有什麼價值上的理想？這兩個問題是不一樣的，對於人類之外的萬物來說，只有第一個問題。一隻狗、一隻貓如果可以問的話，他只要問我怎麼來的？我怎麼去的？對於人來說的話，除了知道生命存在的來去之外，還要問我的價值如何建構起來？什麼是我價值判斷的標準？因為人類是生物裡面唯一有自我意識，以至於可以自由、選擇、建構價值的生物。到現在為止，我們還無法證明其他生物有這種自我意識，那麼我就要問：我的存在與我的價值，這兩個世界共同的基礎是什麼？我相信它是什麼，而不要問它是什麼。問它是什麼等於是說，我們有一種客觀的方法，可以掌握它。而事實上，對每一個人來說，只要你今天還活著，就可以問：人生是荒謬的嗎？你為什麼還活著？還沒有自殺呢？因為你相信生命有某種意義，這種意義就是你的信仰所在。如果你說，我沒有想過這個問題，坦白說那是拖延、疏忽，而不是負責任的態度。做一個人最可貴的地方，不在你的命好還是命壞，而在於你知道自己在做什麼，自己還有什麼樣的主動的力量可以表現出來。所以你需要知道理解比存在更重要，因為如果你不能理解的話，你的存在意義就不能彰顯，這一點在信仰裡面更是清楚。

誰的信仰是真的？

宗教是人類創作出來在社會上的一個機構，其目的是為了保存信仰，使信仰得以繼續綿延發展。所以，我們談宗教的時候，常會強調它是一個完整的組織系統，裡面有信仰，也有別的成分，還有許多人員在裡面慢慢運作及發展。但是信仰是每一個人自己的事情，宗教可以消滅，信仰不能消滅，只要有人存在，一定需要信仰。這是我們首先要做的簡單分辨。

獨特的辨認

那麼，到底什麼是信仰呢？信仰有三個條件：第一、獨特的辨認。這個詞的意思需要說明。從小到大，我所看的世界是這樣的世界，忽然有一天，我讀了一本書，或發生了一件事情之後，我才感覺到世界不一樣了。原來我以為人生最重要的事情是賺錢，在那一剎那之後，我發現錢根本不算什麼，錢的多少根本不相干，重要的是什麼？是愛人，去愛一個人，去幫助一個人。這時我們就要問：你是不是一時迷糊？是不是忽然之間神智不清了？你這種獨特的辨認，好像發現了世界的真正面貌，這種做法有多少把握它是對的？但是不管怎麼樣，這是第一步，你如果一生裡面不曾有過這種經驗的話，你根本還沒有進入信仰的門檻。那麼，這種經驗是怎麼來的呢？

我們在看電影或欣賞悲劇的時候，會忽然發現人生展示不一樣的面貌，不是我們原來所想的。我們原來所想的世界，是有一個固定的價值順序的，認為什麼重要，什麼不重要，一剎那之間，聽到大師說法，忽然頓悟，發現色即是空、空即是色，然後，對這個世界有一種通盤的了解，發現萬物本無自性，所有的東西都是因緣和合而生，只要看透這個關鍵的話，就可以把一切意念全部化解開來，不會再執著了。從前我非要這個不可，非要那個不可，好像沒有得到的話，這一生就沒有下一個目標了。我以前也有同樣的毛病。我在出國之前，認為不拿博士，誓不為人，好像沒有博士學位的話就不能做人了。於是我花了四年的時間到國外念書，念得非常辛苦，從我現在頭髮掉了一大半可以看得出來。當我得了博士回來之後又說，不升正教授，誓不為人，但升了半天還是傅（副）教授。換句話說，人生往往會執著，非要怎麼樣不可，結果有一天發現了真相。這個發現的時候最好早一點，像我是有一點太晚了，到今天才發現，這一切皆是空。所以下一步要怎麼樣走呢？現在我就比較有把握了。

每一個人在自己生命過程裡，都可能會有這樣的經驗，就是「發現從前種種譬如昨日死」，不堪回首；現在種種，開始一個新的世界，對世界有新的了解，對人生有新的體認。

但是希望這個覺悟不要讓你跌得太重，因為跌得太重，身體上恐怕也吃不消。年紀越大越像是一部磨損的機器，很難再發出動力來。所以，這是第一步，要肯定信仰的第一個條件是獨特的辨認。

全盤的付託

忽然之間領悟世界的真相，可以全面修改自己從前的價值觀，把本末顛倒完全改正過來。但是光有辨認是不夠的，辨認是我認清一個對象，然後呢？還需要有全盤的付託。全盤的付託是說，我既然發現人生的真相是這樣子，我就毫無保留、全力以赴，把我自己整個付託到這個真相裡面去，這是第二步。所以，第二步往往是考驗一個人有沒有毅力。你的信仰到底真不真？誠不誠？就看這第二步。許多信徒星期日非常虔誠，因為作禮拜是全盤的付託，又捐獻、又愛人，然後星期一開始又變回來成為社會人。完全像是兩個不同的人。他就只是星期日全盤付託，平常的時候未必如此，這是不對的。我們所謂全盤的付託，包括一切時間與空間，整個的一個人在裡面。我整個生命的重心在什麼地方，在這個第二步一定要具體表現出來。因為我既然發現了宇宙與人生的真相是這樣的，我如果還活在一個表面或假相的世界的話，不是自欺欺人嗎？我怎麼會這樣做呢？這樣做，代表我還沒有覺悟清楚，頓悟不夠，還需要再加以棒喝。

一個人全盤付託之後，力量就很大了。為什麼有些人做事情可以奮不顧身、全力以赴？看到他，就覺得這個人太可怕了，他一個人可以抵十幾個人，為什麼呢？因為他全盤付託，沒有顧忌，而一般人活在世界上，坦白說來，都是有顧忌的。譬如，今天晚上我要演講，那麼我整天就不敢做別的事，早上起來就齋戒沐浴、準備晚上的這場演講；下午要休息一下，到晚上六點鐘就要準備好，好像準備去考試一樣。這就是受制於外在的約束。

平常我們的生活方式都是有條件的，當你全盤付託的時候，你根本無所保留，到任何地方去做任何事情，都只有一個信念，而那個信念是你生命的真正的基礎。這是第二步，再下一步就是普遍的傳揚。

普遍的傳揚

普遍的傳揚是說，我以我的行動證明我的信仰是真實的，而這種行動所表現的信仰，具有一種傳染的力量，可以傳播給別人。很多時候我們喜歡問一個人，你這個人跟別人不一樣，請問你信仰什麼？為什麼你有那麼特別的一種生活方式呢？能夠堅持理想到這個地步？為什麼眾人皆醉你獨醒呢？所以信仰給人的感覺，就是一個人有如鶴立雞群，天下人都如此，他卻不一樣，可以站得很穩，並且不是為了標新立異。一個人敲著鼓自己往前走，只聽到自己的鼓聲。這是很好的一幅圖像。所以，我們看到有人在傳教的時候，一定要保持尊敬的心。

我看到一個人活在世界上，好像活得很有意義，我就非常感動；他如果還活得很快樂的話，我就感動得要落淚。但他必須知道自己為何是這樣活著。

我們說老師的責任是傳道、授業、解惑。這個「傳道」，也是一樣的意思。你對於某一種思想了解之後，產生堅定的信念，可以做為生活的準則，然後你才願意去介紹它。宗教裡面的傳教士，包括佛教、基督教、天主教都一樣，當他們傳教的時候，說神愛世人，我們一定尊重他們這種傳道的心，但是不要忘記，所有的傳道都不能只靠語言，語言是最後一個工具，真正的傳道或傳教要靠行動，靠全盤的付託所表現的行動，因為行動的力量勝過一切。

美國出現幾位很有名的布道家，他們都在星期日布道。許多美國人休假在家，早上起來之後，都會打開電視機看布道。布道大會的牧師如果講得好，然後星期一早上，那個電視台就會收到從全美各地寄來的劃撥、匯票、支票，平均每個週日講一次布道，就有差不多五十萬美金的收入。金錢使人腐化，所以這幾位牧師後來就沒辦法抗拒世俗的誘惑，發現自己什麼都要了。最後出了一些醜聞，使很多信徒大失所望。但他們應該失望的不是這個傳道人，而是他們自己。你本來就不應該對人抱那麼大的信心，你應該對這個人所說的道或所說的教抱著信心。佛教所謂「依法不依人」，即是類似的意思。

所信的不是人，而是超越世界的顯示，真理本身的顯示，這一點必須要弄清楚。因為人是會犯錯的，人性只是向善，而不是本善。所以人隨時可能退轉，佛教強調「勇猛、精進、不退轉」，人隨時可能退轉，退轉回來之後就會發現，從前以為很容易的，現在發現困難重重。人生是艱難的，當你想要往善走去的時候，才會發現步履維艱，當你漫不經心過日子的時候，會發現人生很容易，這樣過也對，那樣過也對，好像都可以。

在西方，宗教這個詞叫做religion，這個詞有另一個意思，就是「綑綁」，把人綑綁起來。這好像不太中聽，怎麼把人綑綁了？像木材一樣綑綁起來？因為人活在世界上不可避免的，會注意許多跟生活有關的瑣事，像食衣住行的需要、工作上的發展、自我實現的要求等，使得我們的生命分散在不同的時空裡面。你今天做了多少事情，早上上班、下午回家、晚上還要聽演講，你分散在不同的時間空間裡，面對不同的人，你的意識是處在一個分散的狀態中。宗教就是要把你綑綁起來，讓你有一個中心，不要散開來。想想看，我們如果真正做一個自我，這個自我很清楚有一個中心，把自己凝聚在一起的話，那麼這個自我是多麼的踏實。

我們有過這樣的經驗，譬如每到七月初，就會有十幾萬人準備參加聯考，所以在五六月的時候，整個社會就會顯出充滿希望的奮鬥動力。可以感覺得出來，幾乎每隔兩三家人，就有人在準備聯考。只要有人準備聯考的話，電視不看了，娛樂通通停下來，全神貫注，做最後衝刺，這是很可愛的一幅畫面。當然，對於教育我有一些批評。譬如，我有時候問台大學生，你們在參加聯考之前，還是在考上台大之後，哪一個時候比較快樂？答案幾乎沒有例外，是聯考以前比較快樂。但是，叫他再考一次聯考，他絕對不要。那麼為什麼聯考以前比較快樂呢？目標明確而統一，對不對？這是一個偉大的競賽場面，我們活在那麼安樂的時代裡，在台灣數十年，請問你這一生有沒有參加過比十幾萬人共同上考場更大的場面？我想顯然是沒有。幸運的話，如果你又考上理想的大學，那種成就感是難以想像的，因為你勝過了幾萬人。所以，對他們來說，目標明確，全力以赴，整個生命的力量集中在一起，那一陣子就是他們全盤付託的時候。

只不過這種付託太過具體，是一個世俗世界每年都會出現一次的機會，同時也不是最後的判準。你考上哪個大學差別並不太大，就算考上台大，也許等到入學之後才發現不快樂，因為你畏懼重新去尋找目標。這個時代是多目標的、多元化的，也許到最後許多人發現生命失去了中心。

宗教信仰與此不同，宗教信仰不是選擇大學科系，或賺多少錢、或取得某個地位、某種權力，宗教信仰是整個生命的安頓。這是全盤的付託與普遍的傳揚，是要以他的行動做最後的驗證。在此，我們對信仰定下三個標準，你在問自己，或在問別人有沒有信仰時，就要問：第一，你是不是有過獨特的辨認，獨一無二的（unique），只屬於你的，跟別人不完全一樣的，一種對於宇宙與人生全新的看法，發現生命中最重要的不是外表所能得到的名利權位，也不是一種膚淺的自我實現，而是一種對於生前死後，整個生命的意義可以最後交代的東西。你找到答案沒有？你發現自己這一生所要求、所追求的一個對象，不在外，也不一定在內，而在於另外一個境界。有沒有這樣的經驗？這是獨特的辨認。然後，你是不是有全盤的付託？念茲在茲，絕不反悔的？最後，你是不是肯作普遍的傳揚？一個人有了信仰而不去推廣，又不能用行動證明給別人看的話，這種信仰很可能是假的。

所以，很多信徒只不過是把宗教當做市場而已。你為什麼經常去某個廟，或某個教堂呢？因為這個廟的明牌很靈的，或者這個廟求子或求升官很靈的。這種功利主義等於是我們去市場一樣，看看你要買什麼，今天買點海鮮，還是買點肉類，還是買點蔬菜，宗教變成市場，這是我們當前的困境。台灣的教堂與廟宇已經超過一萬座，以全世界來說的話，像我們那麼具有宗教情操的民族很少見，這麼小的地方，已經設立登記的廟宇就超過一萬座，這實在會讓人覺得很有宗教情操；而事實上，恐怕不一定，我們也可能是把宗教變成社會的一個附屬機構，把它變成一種市場，滿足我們心靈上的需要，而不是求得心靈的歸依，這是我們必須認真思考信仰問題的理由。

認識宗教的究竟

我們要進一步分析，宗教包括什麼樣的條件。信仰固然是個人的事情，但是往往我們在一種宗教裡面，發現自己的信仰可以得到肯定，所以這兩者並不是誰先誰後的問題。對我們現代人來說，先後的關係是不定的，所以我們在認清了信仰之後，進一步要談，到底什麼是宗教？

教義、儀式、規範、合理表達

關於什麼是宗教，我提出四個標準來判斷一個宗教能不能成立。第一是教義，第二是儀式，第三是規範，第四是合理表達。這四個條件非常重要，缺一不可。

什麼是教義呢？教義就是宗教對於宇宙人生的根本真相與絕對真理所做的清楚表達。所以教義等於絕對真理，是不能懷疑的。懷疑教義的話，就不是信徒了。

所以，宗教的界線非常清楚。你不能說自己是兩個宗教都信，因為兩個都信是不可能。你信不信佛教？信或不信？你不能說我正在從不信到信的過程裡面，沒那回事，信的就進去，不信的就在外面；就像信基督教一樣，你要受洗，你不能說我正在受洗，進去就是信徒，在外面就是非信徒。為什麼？宗教的教義是講絕對真理，是沒有理由的。譬如「人死之後有天堂，上帝要審判」，如果信的話就是真的；不信的話根本不要談，沒有理由可以說的。絕不能說，世界在變化，我證明給你看，世界將來消滅之後，還有另外一個世界，怎麼證明？不能證明的。所以任何宗教都有它獨斷的部分，但是獨斷並不是不好，因為本來就有一些屬於奧祕的世界，是你不能了解的，你既然不能了解，怎麼不去接受別人給你的肯定呢？因為你不接受這種肯定，就隱然接受另外一種肯定，而另外一種肯定恐怕是很粗糙，很不完善的。宗教裡面所保存的肯定，經過幾百年幾千年下來之後，許多人研究發展，有神學，有佛學，講得非常細緻，形成非常精巧的一套系統。所以你信仰一種宗教的話，首先要信仰它的教義。

但是，光靠教義是不夠的，宗教還需要儀式。什麼是儀式呢？儀式是指在時間、空間裡面，宗教活動的具體表達，像教堂、寺廟屬於儀式，像各種慶典也都屬於儀式。儀式的作用是要安頓我們日常生活裡面，自然的生命要求，譬如說，我有眼睛，我需要看，所以我希望廟蓋起來之後，非常壯觀。大陸上有一些廟，還保存了非常好的原貌，看的時候令人驚訝，為什麼驚訝？有誰會在蓋房子的時候，把自己家的屋簷設計得那麼複雜，在柱子上還刻了很多龍，那是沒有必要的。但是在蓋廟時，一定要雕樑畫棟、一定要設計精緻，因為廟代表永恆的地方，代表一個絕對的神聖空間。教堂也是一樣。西方最美的建築都是教堂，保存最好的也是教堂，當然這是指近代歐洲以來，古代希臘、羅馬時代大部分的建築都沒有保存下來。教堂為什麼保存得那麼好呢？因為他們蓋教堂的時候，不是蓋一個給人住的地方，而是給神住的地方。人住的地方何必蓋得太好呢？人是會死的，教堂則是個神住的地方，就跟廟一樣，是佛住的地方。他們住的地方，一定要跟這個世界區別開來。人活在世界上，本質上就需要區別，要區別普通的空間與特殊的空間，要區別普通的時間與特殊的時間。

普通的時間就是我們現實生命的時間，是一去不復返，生老病死走下去的。我常會覺得，如果自己再年輕十歲，那有多好。但是我知道這是絕無可能的，這正是生命的悲劇所在。但是我又想到，如果在十年之後再看我的今天，就正好是那個時候想我再年輕十歲多好，那麼我又會覺得非常快樂，也就是說，我現在過的每一天都覺得很有活力。人的生命一去不復返，但是宗教裡面的生命是永恆的生命，怎麼表現呢？就要靠宗教的儀式與慶典來表現。這種生命有一種週期性，永恆的時間是可以回到原點，生命的原點是什麼意思呢？永遠可以再生一次。我們多麼希望自己有機會再生一次，但是我們這個自然的生命，永遠不可能回頭，科學如何發達都不可能，因為我們的生命不是身體的成長而已，還包括意識的發展，我們可以重新再活一次的話，我們的意識所經驗到的，跟我們現在這個生命也完全不一樣了。

西方哲學家萊布尼茲（Leibniz, 1646-1716）在批評輪迴觀時，說：「我不能接受輪迴。」如果一個人死了之後，重新輪迴，但是他忘記自己以前是什麼樣子，那麼，這跟上帝把一個人毀掉，重新造一個人，又有什麼差別呢？換句話說，如果我的生命是輪迴的話，我就應該知道前世的我怎麼樣，然後才能說，我今天發生這件事情，實在是因為我前世造的孽，然後我就只好認命。我必須知道我前世為什麼做這些事情，我才能夠承受責任；並且我今天做很多好事，雖然沒有好報，不過我很放心，我知道沒有關係，來世的我會有很好的報應。我的同一性、自我的意識必須連貫起來，輪迴才有意義。如果這種自我意識不能連貫的話，有哪一個人記得自己過去那一世是什麼？沒有人記得。沒有人記得的話，那麼與每一個人都重新被造、重新活一次有什麼差別呢？我們在這個時候，就要強調儀式的重要性，在於讓你定期回到生命的原點，重生一次。譬如在慶祝新年的時候，慶祝某一個宗教的重要慶典的時候，你體驗到自己的生命重新得到滋潤、重新回到原始的面貌，你會感覺一種充滿力量的喜悅。這種經驗是許多宗教徒都有的，所以儀式非常重要。

我有耳朵，需要聆聽，請問世界上最永恆的、最美的音樂是什麼？幾乎沒有例外，都是聖樂，西方音樂最好的都是聖樂。一般的世俗音樂，聽多了會覺得沒什麼意思，聖樂則不然，它配合想像力的發揮，還有宗教的教義及信念，使人聽到聖樂的時候，有百聽不厭之感。因此每年到耶誕節的時候，都要不斷播放《平安夜》之類的聖誕音樂。而佛教現在也急起直追，開始製作佛教音樂了。事實上，佛教原來也有一種梵唱，而佛教音樂最好的是敲木魚的聲音，因為這種聲音讓你進入意識的一種超越狀態。宗教音樂的目的，是要讓人回歸一個永恆的境界。

我還有手，我要觸摸；我有鼻子，我要嗅聞。所以佛教裡面有上香，基督教裡面也有上香，香是指香氣、香料，為什麼在教堂裡面、在廟裡面可以聞到這種香味呢？讓你避開這個世界的各種惡臭，讓你來到這個特別的地方之後，眼、耳、鼻、舌、身，整個自然生命都得到安頓，這就是儀式的重要之處。

這裡要附帶談一下，很多人喜歡強調儒家是一種宗教，因為他們認為宗教是好的，凡是好的儒家都要有，所以儒家是一種宗教。事實上，這種說法很有問題，因為儒家沒有儀式。儒家的儀式現在看起來只有每年一次的祭孔大典，每到教師節就會打開孔廟的大門，然後有六十四個小孩，在庭前舞八佾。但是請問，當你生命有需要的時候，你能去孔廟嗎？平常是關著的，當我心裡有什麼話想講，我能跟孔子講嗎？不行，顯然是不行的。由此看來，儒家沒有儀式，因而讓我自然生命的需要、眼耳鼻舌身的需要，完全不能得到安頓。儒家有沒有音樂？沒有專屬於它的音樂。換句話說，儒家因為傳統以來與政治結合，與教育結合，使它成為政治跟教育所使用的觀念與思想，它有宗教作用，有可能使人產生宗教情操，但它本身不是宗教，在儀式這方面是明顯地缺乏。然後，宗教的第三個條件是規範。

任何宗教都會要求人行善避惡，這是沒有問題的，但什麼是善？什麼是惡呢？這是另外一個問題。所以，宗教裡面一定有規範。你不能說我信了某個教之後，依然故我，那麼你不要信好了，這樣的信與不信有什麼差別呢？所謂規範，一定是針對行為的規範。我們常聽說：「這個小孩信了教之後就不一樣了。」美國有一位法官說過：「到我這裡的孩子，有百分之九十六是不上教堂的。」到法院去的都不是好孩子，一定是犯了某種罪，被抓了才到法院。換句話說，一個人沒有信仰的話，他的行為比較沒有規範。我在美國念書的時候，也問過幾個美國同學：「如果你不信上帝的話，你會怎麼做？」「殺人放火，無所不為」，這是很簡單的答案。的確，一個人如果沒有宗教信仰的話，你叫他做好人、做好事很不容易，他的理由往往是：「我不能丟父母的臉，不能丟老師、同學的臉。」但是父母將來會過去，老師、同學久了會疏遠。當你進入一個現代化的社會，沒有人知道你從哪裡來，你要去哪裡，也不知道你是誰的時候，你是不是就無所不為、為所欲為呢？所以，一個人在根本的道德規範上，宗教確實可以發生作用。宗教的第四個條件是合理的表達。

宗教需要合理的表達。你可以有個人的祈禱，但是當你告訴我，這宗教是信仰什麼東西的時候，你一定要使用我聽得懂的語言才可以。你不能說你信的這種宗教非常神祕，所以你不能明說，不能明說的話，我怎麼了解呢？我怎麼信呢？所以合理表達就是：宗教需要使用人的語言，表達出合乎理性的道理，即使談到奇蹟也不例外。

我們常會說，這個宗教裡面有很多奇蹟，它使一個瞎子看見，使一個跛子行走。那麼不要忘記，瞎子要看見必須要有眼珠，你能不能使一個沒有眼珠的人看見？跛子可以行走，但這個人如果沒有腳，你能不能使他行走？顯然不行。所以奇蹟的解釋也需要合乎理性。也就是說，理性有很多地方是無法了解的，奇蹟是使我們的理性跳過它的既定範圍，使它可以往更高的一個層次延伸過去。所以，宗教需要具備四個條件：教義、儀式、規範、合乎理性的表達。

從行善到解脫

我們發現世界上宗教很多，有的我們稱作邪教。在美國也曾發生幾件邪教殺人的事件，拿人的心臟來做為祭祀之用，實在非常可怕。我們分辨宗教的高低有三個標準，第一要問它對「人」有什麼看法？第二要問它對「惡」有什麼看法？第三要問它對「痛苦」有什麼看法？

真正好的宗教，如佛教、天主教、基督教、伊斯蘭教都不例外，它們對於「人」的看法都是認為：人是有缺陷的、人是不完美的。我們千萬不要說：「啊，這個宗教太過分了，怎麼把人說成不完美的呢？」只要自己誠實反省，就知道人的不完美在什麼地方？自然生命方面，我們會老、會病、會死，老、病、死就是不完美。其次，在道德生命方面，我們會犯錯、會受誘惑、會痛苦、會執著、會有各種可怕的行動與思想，這也是缺陷與不完美，這也不能否認。所以，真正偉大的宗教，首先一定是看透人類生命的缺陷與不完美，然後設法提供一個完美的典型，由此告訴人，你雖然不完美，但是，你可以成為完美的，我指給你一條途徑。所以宗教裡面所講的是「道」。道就是一條路，讓你去走，這條路走了之後，就可以使你的不完美慢慢變成完美，或是給不完美找到根源，然後說不完美的並不是我，但我仍有修行的必要。

反過來說，如果有人告訴你，人類是最高尚的完美者，這話一定有問題，非常危險。你把人的地位抬得太高之後，只會使人走向毀滅，因為人本來就有他的限制，這是不能否認的。

其次，要看這個宗教對於惡有什麼態度？惡是指罪惡，指善惡的惡。一切偉大的宗教，都是教誨人行善避惡。但是，我們不能忘記，行善避惡並不是宗教最根本的目標。我們常常聽人說，宗教是勸人為善，我要鄭重說明，宗教的本質不是勸人為善，因為勸人為善的還有很多個人、組織或機構，譬如，從小我們的父母勸我們為善、老師勸我們為善；我們的法律、我們的警察、我們的法官、我們的總統，通通勸人為善。那麼請問我們為什麼還需要宗教呢？勸人為善是社會上一種具體表現、具體要求，而不是宗教的本質。宗教的本質在於

「解脫」，解脫就是得救，進入一個真正自由的世界。但怎麼樣解脫呢？一般說來有兩個途徑。第一是藉由道德修行，第二是藉由智慧開悟。這兩者分別以基督宗教與佛教做為代表。

基督宗教強調人的行動，但是，它有一個前提，要靠信仰得救，並且要強調，道德的基礎在於信仰，所謂因信成義，你信了就得救了。耶穌說得很清楚：「信我就得救」，但是光靠信是不夠的，我可以照樣殺人放火。殺人放火是假的信，正如我們剛才講的，信仰的第二個步驟，你需要全盤的付託，需要靠行動證明信仰，所以這兩者要結合在一起，但信仰仍是根本的。這是基督宗教的路線，佛教就不一樣了。

佛教的重心並不在於信仰或行動，佛教的要求是智慧解脫。你一輩子努力行善避惡還不夠，你需要在智慧上了解，因為人生的困難來自於無明，無明就是沒有光明、沒有智慧。因此當你有了智慧上的領悟之後，了解到宇宙裡面根本沒有真正的東西可以讓你去執著，然後你沒有任何壓力，就可以看到整個宇宙的一切，空空如也。這就是佛教的途徑，在於用智慧來解除無明的情況，去掉無明的話，後面所有的因緣一一化解，你就不會再造業了。整天行善避惡，照樣不得超越輪迴，為什麼？你行善救了很多人，很多人紀念著你，想要報恩，希望你不要死，希望你下一輩子再來，好讓他們報恩。所以佛教要靠智慧進入涅槃境界，涅槃境界就是不再輪迴，而你要如何才可不再輪迴呢？不要造業，因為行善也是一種造業，這一點非常重要。

當你接觸一個宗教的時候，要看它根本的觀念在什麼地方，你要問它對於人的真正解脫與得救的關鍵是什麼？基督宗教說信，佛教說智，這是一個基本區別，但這種基本區別並不是互相排斥的，而是它的重點不一樣。然後接著我們要進一步說明，宗教對於痛苦可以有兩種態度。

第一種態度以佛教為代表，認為痛苦是不好的，所以「四聖諦」裡面第一個是苦：生苦、老苦、病苦、死苦、愛別離苦、怨憎會苦、求不得苦、五蘊熾盛苦，人生真是苦得不得了。苦是不好的，所以，你要把苦化解，就是避免造業，不再輪迴。對於基督宗教來說，苦並不是不好，而是個磨練與考驗，讓你通過這個世界的各種考驗之後，使自己的靈魂更純粹、更完美，死後可以進入一個理想的世界、理想的天堂。所以對於苦的態度，有積極與消極之分，但是絕不排斥及否定它。所以，以上三種對於人、對於惡、對於苦的態度，可以幫助我們判斷一種宗教是高還是低，是真還是假。宗教有假的，是一些人自己想出來的宗教，他為了別的目而設計的。最後，所有的宗教都有一個共同境界，這是以下特別要強調的。換句話說，不管信仰任何宗教，到了最高境界都是相通的，此一境界稱做密契經驗。

密契的合一經驗

密契經驗（mystical experience），這個詞以前譯做「神祕經驗」，不太合適。中文裡的「神祕」一詞有很多用法，譬如說這個人神祕兮兮的，好像很奇怪的樣子，而「密契」所代表的是密接契合的經驗，這是非常理想的經驗。在此先要區分一下，自然的密契經驗與宗教的密契經驗。

以前者來說，譬如我今天喝酒，喝醉了之後，就把自我的意識給模糊掉了，忘記了我是誰，這時候非常快樂，因為我們所有的痛苦，主要來自我執太強，認定這是我的，那是你的，這樣一分了之後，就會發現我的還是很少。譬如我說這兩朵花是我的，那麼外面很多樹、很多椅子都不是我的。所以，你愈說這是我的，就愈覺得自己有的還是非常少，因為比起整個宇宙的話，你不管有多少，都不能夠與全部相比。所以，喝醉酒的時候，把我的意識模糊掉了。你的就是我的，我的還是我的，那種感覺很好，所以為什麼很多人喜歡在喝酒的時候談生意呢？因為平常一毛一分都要算清楚，喝酒的時候，一句話通通解決了。但是喝酒得到這種經驗是不好的，因為那是一種暫時的逃避、暫時的麻醉，讓自己忘記那個自我是有限制的，醒來之後，很少有不後悔的；很少有人不在酒醒之後，對於喝醉酒的過程覺得後悔的。但是有些人還是樂此不疲，譬如有一位中尉，老是喝醉，長官對他說：「你如果不喝醉的話，我就升你當上尉。」中尉想一想，然後說：「我寧可喝醉；因為當我喝醉的時候，我就是上將。」沒錯，他喝醉的時候，覺得自己是上將，還有人喝醉之後，覺得自己是上帝。

什麼叫做宗教的密契經驗？這種經驗是極美的。宗教的密契經驗是說：我有一種信仰，信仰提供我一個脈絡，在這個脈絡裡面，我知道我從哪裡來，我往哪裡去。所以，我在祈禱的過程裡，進入一種狀態，忘記我是誰。這種狀態——忘記我是誰，但是又沒有把自己當做上帝，這個時候會感覺到一種非常高雅的喜樂，我就是世界，與上帝合而為一；上帝就是我，也就是世界。但是這之間又有區分，這種又分又合的感受，就是密契經驗的特徵。這種感受很難描述，不能夠說得很清楚，但是，我們可以從一些徵兆中看得出來，譬如一個人獲得密契經驗，在清醒過來之後，會對生命、對世界充滿無比的熱情。

以得到諾貝爾和平獎的印度修女德蕾莎來說，顯然就是個有密契經驗的人。想想看，一個這麼老、這麼瘦的老太婆，居然可以做那麼多好事，她做的好事，她幫助的人，不知道有多少，比我們這些壯漢幾十個人做的還要多，憑什麼？就憑背後有一個絕對的力量。當她在祈禱過程裡面，進入密契經驗的時候，是一種合一的經驗；她不再認為自己是一個小小的自我，而相信整個宇宙的力量跟她在一起，所以展現無窮的能量。我們可能遇到這樣的人，因為任何宗教裡面都有這樣的人。

這種境界使人既分又合、既合又分，而不會盲目地以為自己就是上帝。而最後，當人離開這種經驗的時候，會有明確的方向感，知道自己這一生要往哪裡去，因為對此人來說，他已經先品嘗了永恆生命的滋味。這是密契經驗最高的境界，而這種境界是所有正派宗教都相通的。

在這個境界裡面，不管你信仰什麼宗教，大家見面時根本不必講話，「言語道斷、心行處滅」，即表示言語是多餘的。許多宗教上的辯論，我代表佛教，你代表基督宗教，我們辯論一下，到底有沒有上帝？有沒有輪迴？吵了半天，坦白講都是很低的層次，因為真正高的境界根本不必講話。孔子與莊子見面時，不需要說話，與老子見面時也不需要說話，這叫做「相視而笑、莫逆於心」，這種境界有沒有可能呢？我自己沒有這種經驗，但是經過念書，經過了解，我知道這種經驗確實是可能的，因為很多人有了這種經驗之後都寫成了紀錄，看到之後會覺得令人嚮往。莊子不是也說過，他有一天下午在山上打瞌睡，忽然之間，不知道自己夢為蝴蝶，還是蝴蝶夢為他？這就是一種密契經驗，忘了我是誰，好像忽然醒來，又好像忽然在作夢。

我們有時候也會有類似的經驗，譬如，我在學校念書的時候，念過《論語》，平常念的時候毫無感情，覺得《論語》都是教條。有一天讀到一篇報導，描寫一件事情的發生過程，然後，想到一句話：「己所不欲，勿施於人」，忽然使我豁然開朗。有沒有這種經驗？我自己是在多年前仔細研究儒家的時候，讀到《孟子》的一章，才懂得什麼叫孝順，這是我個人的經驗。我們小時候讀《孟子》，會覺得他的話沒有什麼意義，當帝王快不快樂？不快樂。父母還活著，兄弟還健康，要比當帝王快樂。這些話讀過之後，要經過自己慢慢成長，走過生命的歷程才會覺悟，應該孝順父母。當然這種經驗還談不上密契，只是清楚知道是自己在思考問題，等你真到密契經驗的時候，譬如說你信佛教、你敲木魚，木魚的聲音有什麼好聽呢？聽的人很難過，ㄉㄡ……，那個聲音很單調，聽半天都一樣，但是對於在祈禱的老太婆，敲木魚的聲音是很重要的，這個單調的聲音使她超越一切複雜的、多采多姿的聲音，以單調克服其他一切複雜的聲音，使他透過單調的聲音，進入意識的深處，然後到最後把意識的界線整個超越。所以，很多人在敲木魚的過程裡面好像睡著了，其實沒有睡著，而忽然醒來之後，會覺得很愉悅，那是因為他接近了密契經驗之門。一個人在一生裡面，如果都沒有機會接近這個門檻的話，我想是莫大的遺憾。

愛因斯坦已經告訴我們，你這一生如果不曾對於一個奧祕的世界，感受到驚訝、敬畏的話，坦白說是虛度此生。當然我並不是說，從現在開始，我們每一個人都要努力去尋找一種很奇怪的經驗。要順其自然，但不要忘記保持追求的心是最重要的。因為在尋找真正的信仰時，重要的是尋找。

信仰如何才是真正的呢？顯示力量的才叫做真正的信仰。怎麼知道我有力量呢？我們在結論裡面，要簡單說明何謂從感受到實踐。

感受與實踐

我們活在世界上，喜歡也好，不喜歡也好，最後會發現人是孤獨的。但是，人的天才就在於他可以擺脫孤獨，製造許多機會，讓孤獨成為遙遠的東西。但是不要忘記，避開孤獨就是避開生命的邀請。當我避開孤獨，跟別人在一起的時候，可以互相安慰，製造許多娛樂的機會，但這是逃避、暫時的逃避，而終究不能免於孤獨，譬如當你要沉思、要睡覺的時候，或者當你醒來、正在赴一個約會的途中，或者當你發生某種狀況、一個人處在一個孤單的地方、四處無人可以援助的時候，你就會發現生命的本質就是孤獨。所以不要逃避孤獨，真正的信仰在你孤獨的時候才能出現。所以宗教是教一個人如何善處孤獨。這是懷德海（A. N. Whitehead, 1861-1947）說過的話。

善處孤獨的個人

如果你不曾孤獨，你就不曾有過信仰。我們有時候喜歡聚會，譬如參加校園團契。團契固然很好，但是你天天參加團契的話，那無異於一種社交活動；也就是說，你是在尋求一種像俱樂部一樣的安慰。真正的信仰一定是個人面對自己生命的整體，因為只有在孤獨的時候，你才會去探索自己的根本問題、整體問題與全面的問題；跟別人在一起的時候，注意力就分散了，你要注意別人的喜怒哀樂、別人的表情、別人的想法，你要注意怎麼跟別人溝通、跟別人建立共識，結果對自己恐怕就反而忽視、漠視了。

不要害怕孤獨，孤獨是一個機會。不能只是把自己關閉在孤獨裡，這是不對的；要利用孤獨這個機會，沉思自己生命的根本意義在哪裡。我們在社會上與很多人來往，談到宗教問題的時候，有人會問：應該信什麼教比較好？我在學校教書，很多學生常常問老師：我應該信什麼教？這個時候我不會推銷信仰，不會說，我介紹你某個宗教。宗教不能靠人介紹。我要反問他的是：

第一點，在你周遭的人群中，有誰是最特別的，以至於你看到他就非常嚮往，很欣賞他做人處事的風格。如果你欣賞一個人的話，就去問他信仰什麼。換句話說，你要找出使他成為這樣一個人的祕密在哪裡，這是第一個途徑。你要信什麼教，你不要去問，你要去看，看別人的行動，看你在公司裡面，或者學校裡面、朋友裡面，有哪一個人是如此特別，讓人一看就知道他有獨特的辨認、全盤的付託、普遍的傳揚，你感覺到他這種生命的熱力，你就去問他：「你信仰什麼？能不能告訴我，我再去尋找。」譬如這時他說我信的是孔子，很好，你就設法去念四書；他說我信的是佛教，你就設法讀佛經；他說我信的是基督宗教，就設法去讀聖經吧。

第二點，你要問自己：哪一種宗教裡面的象徵與符號對我是開顯的？「開顯」這兩個字很有意思，因為有很多事情是遮蔽的，我們以為自己有眼睛，但是不一定看得到，往往在我們把眼睛閉起來之後，心眼才會張開來。我們的眼睛告訴我們的，往往是一種假相，就像電視新聞未必可靠一樣。閉上眼睛之後，你才能夠真正用心去看、去聽、去想真相是什麼。信仰也是一樣。要用心去看哪一些符號象徵對你是開顯的？

舉個例子來說，你生活在鄉下地方，住家有一座廟，看到這座廟迎神賽會的時候，你覺得很開心，因為那是整個鄉村裡面最快樂的一天，因此，這個廟在你心中就成為一個象徵，這象徵是充滿希望的象徵。長大之後，你受到西方的教育，知道基督教、天主教不錯，但是你感覺到格格不入，這個時候不要勉強，為什麼呢？如果你到廟裡面去，覺得非常自在，你就去。但是另外一個人，從小在都市裡面長大，進幼稚園開始，就是聽聖經故事，像我的女兒，三歲的時候進懷恩幼稚園，回家常問我一個問題：「老師說人是上帝造的，那麼上帝是誰造的呢？」對她來說，從幼稚園開始，聽到很多聖經故事像大衛王的故事、諾亞方舟的故事，都很熟悉，這些故事提供一些線索，在她的心靈、潛意識種下一些種子，她長大之後，看到教堂的話，就會覺得親切，看到廟的話，就會覺得陌生，好像廟裡面的服裝是比較少見的，或者神明是比較特別的，跟她好像無法相契，這是有可能的。

你不要問一個宗教是真是假，你要問一種教義或儀式對你是否開顯，對你的心靈不開顯的話，再說也沒用，因為那是外加於你的。真理一定要你張開心眼，看到它跟你的心可以結合在一起，然後你自然會信。當然，這裡說的恐怕有點嫌疑，也就是說，這樣變成每個宗教都差不多。坦白說，每個宗教都不一樣，但是人向來是差不多的，信仰宗教的人是差不多的。所以許多人信仰一種宗教，最後表現出來的行為與人生觀應該都很接近。與其去追究哪一個宗教是真的，還不如追究人與人的差別在哪裡？我們要怎樣使個人的生命力量充分發揮？

充滿辯證的歷程

接著我們要指出，宗教信仰是一個充滿辯證的歷程。「辯證」代表什麼呢？它是一個動態發展的正反合的過程。這個詞比較專門，必須解釋一下。宗教信仰裡面一定有偶像，偶像是什麼？如佛像、神像、十字架，都屬於偶像。偶像是一個媒介，所以真正的信仰是四個字：「打破偶像」。這是非常重要的，而這點很難做到。常常有人說這個菩薩像是我們最崇拜的，就把這個像當做菩薩本身，或者這個十字架是從聖地拿來的，所以它是絕對的珍貴。這些全都是偶像，只要是人手所造的一切，都是偶像。包括伊斯蘭教所崇拜的黑石，都是偶像。它如果有聖靈的話，是聖靈使石頭成為聖石，而不是石頭本身，因此你要拜的是聖靈，而不是石頭。耶穌使十字架成為聖物，你要拜的不是十字架，是耶穌。你拜的是十字架的話，就是本末倒置。所以這裡就出現一個辯證的情況。第一，我要肯定人是有形的、具體的生命，所以需要偶像，包括我需要看、需要聽、需要聞、需要觸摸，這些對象全部屬於偶像。我一定需要它們，因為沒有這些東西的話，請問我在哪裡？我不能夠給自己一個清楚的定位，我在一個世俗的、變化的世界裡面，無法找到安頓。所以，我需要一個透過具體的人類所造的一個環境，像教堂、像寺廟，讓我感受到永恆的、神聖的生命。

下一步很重要：「我要能夠打破偶像。」就是知道這一切都是一個媒介，都是一個媒體，透過它們，我要掌握的是一個超越的、永恆的生命。所以這兩個步驟非常重要，第一步建立偶像，第二步打破偶像，然後宗教信仰就不斷在這個過程裡面，提升你的心靈，你在不斷的建立與打破之後，會發現自己的心靈層次愈來愈高。在這個關鍵，耶穌說過一句話值得參考，也是任何宗教都需要的，這一句話是：時候已經來到了，將來人們朝拜上帝，不在耶路撒冷，也不在哪一座教堂，而要靠精神、靠真理來朝拜上帝。只要你有心靈與精神，同時你堅持追求真理的話，你就已經在從事一種宗教的活動了。所以說，做一個真正的人，就是要做一個宗教人，意義就在這裡。

人有精神的一面，也有肉體的一面，我們活在世界上，往往發現兩者互相交戰，有如天人交戰、混沌不明，這一生也忽好忽壞、時好時壞，自己也搞不清楚自己是一個什麼樣的人，無法統合起來。有了信仰之後，你就會知道：原來人生的目的，就在於我的精神透過我的肉身而得以彰顯並做為我個人生命的主宰。然後，我這一生要追求的是真理，這個真理是要透過相對走向絕對。如何變成絕對的呢？以生命做為見證，必要的時候可以為它而犧牲，這就是使相對變成絕對的唯一途徑。

想想看，我們活在世界上，每個人都有相對真理，就是對他來說所看到真實的這一面，那麼誰看到的是對的呢？怎麼證明你所信的是絕對的呢？靠你的生命。用生命來證明，這是唯一的途徑，可以使你的相對真理成為絕對真理。所以，為什麼我們尊重一個人以他的生命做為見證，所表達出來的信仰呢？原因就在這裡。當然，你用生命表達出來的信仰，不一定是我要接受的，因為對我來說可能依然不夠開顯。

人的奧祕就在這裡。每一個人心中都有神、都有佛，但不一定每一個人都能把他活出來。所以，尋找真正的信仰並不是要我們離群索居，離開這個世界去隱居，而是要我們在人的世界裡面活得像一個神、像一個佛一樣。這是難度很高的理想，但是能不能做到呢？可以做到。假如你質問為什麼要做到，最後答案只有一個：因為我是人，所以我應該做到。做到這一點，就是生命的提升、轉化、昇華的完美表現。你也可以不這樣做，因為人是自由的。但是不這樣做，可以說是把你生命之中有可能發展出來最好的部分壓制下來，然後你這一生是活著或死的，差別並沒有很大。怎麼樣證明呢？宗教裡面會給你證明。有的會說，死了之後上天堂；有的會說，死了之後進入一個涅槃寂靜的世界，不再輪迴。在信仰裡面，所得到的那種平安、喜樂、愉悅，不是我們日常生活裡面、世俗世界裡面，所能夠想像的。

走向終極的關懷

信仰是一個很專門的題目，但是對我們現代人來說，要想開拓心靈的世界，首先必須問一個問題：「我的生命有沒有終極關懷？」信仰就是終極關懷最具體的表現。如果沒有終極關懷的話，你當然繼續活著，但是這樣的人生，坦白說，是相當可惜的。你為什麼不設法嘗試一下呢？很多人正在嘗試的過程裡面往前進，而這個時候，宗教信仰所建構的一個富麗堂皇的世界，一個長遠的歷史傳統，給我們現代人的啟發，永遠是非常深刻、非常真切的。談到信仰的題材，很多人會強調個人的信仰，這一點我完全同意，但不能泛泛地談。在此特別提醒，要尊重別人的信仰，因為沒有人可以告訴我們，他的信仰是唯一的途徑。對他而言是唯一的途徑，但是對我來說，唯一的途徑卻表現為另外一種方式。因此，你不必判斷別人是假的，先不要說那是迷信。「不要判斷別人，免得你們受判斷」，這也是耶穌的話。

換句話說，信仰是個人對生命的根本交代，有也好，沒有也好，你最後還是必須信一些什麼。那麼為什麼不使你所相信的，成為一個最根源的東西呢？不要停在表面上，而要深入到根本，在根本裡面，再與整個人類的歷史發展結合在一起，使整個人類成為一個家庭，有一個傳統，共同往前走。只有在信仰上、在宗教上，我們可以使人類這個傳統的發展愈來愈美、愈來愈好、愈來愈理想。離開這個途徑，世界上可能產生的成就都是次要的。從前有亞歷山大、凱撒，將來還會有很多新的軍事家、政治家出現，但重要的不是那些，而是今天每一個活著的真實的人。

我們只有這樣的一生，每一個人生命都是獨一無二的，所以宗教往往顯示一種普遍的同情，尊重每一個生命，原因就在這裡。生命是不能逆轉的，所以每一個生命，在任何時間、任何地方，都應該受到完全的尊重。而只有在一個信仰能夠普遍開展的社會裡面，每一個人都是一個信仰的核心，就像在夜空中的一顆星星，他的光明不一定被人看到，但是他一定有光明。

對話

【問】您如何回答女兒的問題：上帝是誰造的？

【答】當時因為小孩才三歲，所以，哲學道理是講不清楚的。我對她說，你現在還小，將來長大了就會了解。這個回答，後來帶來不少問題。隔了五年之後，她念小學三年級，有一天回家時，很不高興。她說：「你以前騙我。」我說：「我怎麼騙你呢？」她說：「你以前騙我說，人是上帝造的，然後你又不肯回答我上帝是誰造的，我到今天才知道人是猴子變的。」因為她在學校看自然科學百科全書、兒童百科全書，看到人是猴子變的，還有圖畫為證：人慢慢地站起來。那一次我們爭論了一個晚上。她說人是猴子變的，百科全書一定是對的，它代表權威的知識，代表科學。我對她解釋說，這種說法只是一個假設，還不能得到證明。所以，很多問題都沒有辦法討論。她就這樣子慢慢成長了，所以直到現在，我還沒有告訴她：上帝是誰造的？

不過，今天提出這個問題的如果是諸位的話，答案就比較清楚。「上帝」的定義，就是那個只造別的萬物，而自己不被造的。因此，你不能問上帝是誰造的？上帝如果是另外一樣東西造的話，我們就應該把上帝的名字，給那個另外一樣東西，你可以不斷往上推，推到最後，總要有一個開始。因為我們看到這個世界充滿變化，最後難免會消失；任何變化的東西，一定有個開始，要不然不應該有變化，不應該會消失。所以上帝在哲學上來說，只是我們認定做為變化世界的基礎，永恆不變的東西，我們給它一個名字叫上帝，如此而已。

【問】一個人是否可以只信仰絕對真理，而不信世界上任何的宗教？不曉得您個人的看法如何？

【答】這要分兩方面來看。首先，一個人信仰絕對真理，與一個人信仰宗教裡的教義，並不衝突。第二，你能不能只信仰絕對真理，而不信任何一種宗教？可以，但是不要忘記，這時候絕對真理往往變成一個抽象的名詞。重要的是你那個絕對真理有什麼具體內容？宗教裡面的絕對真理有一個長處，就是它都具體地把內容說出來。像你信天主教的話，它會告訴你，死亡之後有審判，還有天堂、地獄；你信佛教的話，它說你死了之後，還有輪迴，若是不輪迴，就進入涅槃世界。這些都很具體。那麼你能不能說，我就是只信仰絕對真理，而不信仰任何宗教？可以。請你把那個絕對真理具體說出來，看能不能讓別人了解，如果可以的話，說不定你可以就此創立一種新的宗教。

【問】和尚、尼姑、神父、修女的出家生活是合理的宗教制度嗎？如果要以這種身分來表明愛神，神是不是自私的？一個人離開家庭而侍奉神，是不是失去人生的意義？

【答】這個問題是說，有些人因為宗教信仰而出家，也就是不組織家庭、不結婚。生活方式原本就有很多種，你可以為一個理想而獻身，譬如一個軍人，在戰爭期間不結婚，這是為了保衛國家，我們都可以了解。也可以為了別的目標，譬如有人為了做學問、從事科學研究而保持獨身。因此，如果有人為了信仰，為了「獨特的辨認、全盤的付託、普遍的傳揚」，而不結婚的話，這是完全合理，並且可以了解，可以欣賞的。

所以基本上，我們不會問：神是不是太自私了？這不是神自不自私的問題，而是這些人離開家的時候，知道自己獻身的目標，是一個絕對的理想、永恆的理想，這理想值得他去獻身，重點是在這裡。但是不要忘記，也有些人嘗試過之後，發現不一定適合，再退出來，這也沒有關係。我們對於就是所謂《思凡》之類的劇情，也可以了解。因此，換句話說，我們要知道人類的生活有各種可能性，這是其中之一。我對於真心誠意選擇出家的人，不管是信仰哪一種宗教的，都非常尊重，因為他們本身就是理想之具體表現。但是不要忘記，愈是如此，要求也愈高。你不能說因為我出家了，做了很大的犧牲，所以應該有其他方面的補償，像社會地位等等。這樣反過來讓人覺得可惜了。這中間有一個很大的挑戰，值得我們注意的。

【問】什麼是智慧？它與理性和感性有什麼樣的關聯？還有，現代社會裡，真有像老莊這種人嗎？如果有的話，他又是怎麼樣的？

【答】談到智慧，我們知道，智慧是活的，因此首先一定要求主體性。什麼叫主體性呢？就是你我他，每一個個人自己的主體；我是我，而不是你，智慧是從主體來的，所以它跟知識不一樣。知識是向外去客觀學習的，屬於從客體來的東西，往往翻書就可以念到。智慧是怎麼回事呢？我自己對於生命、對於宇宙、對於許多事情產生直接的體認，這才叫做智慧。因此，你可以學習知識，得到別人的智慧，但這個智慧一定要經過自己的品嘗，「如人飲水、冷暖自知」。任何一個人的智慧，對別人來說都變成知識。各位也許認為我有智慧，但是不要忘記，我今天表現出來的智慧，只是你們的知識，如果成為你個人的智慧，則需要經過思考與印證。所以，智慧是具有主體性的。

至於感性與理性的關係，是一個比較複雜的問題。你在體察智慧的時候，不能只靠理性，往往還需要感性，因為理性以追求客觀知識為首務，而感性則使人感受到整個自我的安頓。

接著，老莊這樣的人，在目前社會上是不是有可能存在？我想還是可能存在真正的老莊信徒，基本的態度並不是那種只知憤世嫉俗，或離群索居的。他的心靈構成一個自由、逍遙、無待的境界。這樣的人有沒有呢？有的，像我們平常形容一個人非常豁達、非常達觀，這裡面就有老莊的意思，像「知其不可而安之若命」。我現在想做一件事，明知做不通，卻一點也不生氣；一件事情做成了，一點也不高興。如此一來，我可以超越喜怒哀樂而非常豁達，可以用理性來了解一切。我知道任何事情的成功，都有它的原因與它的結果，我只不過是個促成的機會而已，談不上非要成功在我。老莊的思想是「功成而不居」，人應該向「道」學習。道產生天下萬物，但從不認為自己可以主宰它們，具有道家精神的人，會讓一切事物自然發展，但是他需要有智慧，可以知道什麼叫「自然」，這是最難的地方。很多時候我們談到人類社會的「自然」，其實已經是不自然了。老莊思想能夠掌握到自然的運行軌跡，然後，不把自己的喜、怒、哀、樂放在裡面。我想這就是現代老莊的性格表現。

【問】宗教信仰與智力、心理健康、社會成熟度這三者的關係？

【答】智力高的人，可能會走上兩個極端，第一個極端是說，我的智力很高，可以了解各種事物，而我的了解足以使我在世上活得很愉快，所以我不需要信仰。另外一個極端是說，我的智力很高，使我知道智力是有限的，真正有智慧的人，往往知道自己是有限的。所以，我覺得第二種情況才可以說是真正有智力。然後這樣的人，是比較容易接近信仰的，至少比較可能欣賞宗教信仰。

其次有些人會說，這個人心理不太健康，或是心理很脆弱，所以去信仰宗教恐怕比較好，信仰之後就會變得堅強了。事實上未必如此，因為你無法證明，有信仰的人比沒有信仰的人更不健康；相反的，我們反而看到許多有宗教信仰的人，在辦教育也好，辦醫院也好，辦一些慈善事業也好，往往堅持的比那些沒有信仰的人更長久，並且做得更好。這說明了什麼？不是說我原來心理不健康，信仰之後心理變得健康，然後可以去幫助別人，不求回報，做很多好事；而另外一個人心理本來就很健康，所以可以不做好事，這是說不通的。所以，在我看起來這跟心理健康，沒有必然的因果關係。最後，信仰往往是一種機緣，跟一個人的社會狀況或社會成熟度，也沒有必然關係。有些人常常講，宗教信仰是為了窮人、為了受壓迫的人而設的。因為我很窮、很受壓迫、很老了、甚至快死了，所以我去信仰的話，可以得到安慰。這一點也未必如此，我們只能說這些是外緣條件，而不是信仰真正的條件。這些外緣條件與信仰有一些關係，但不是必要的。我在這裡只能簡單做這樣的說明。

【問】宗教組織是否容易成為少數人把持利用的機構？

【答】這倒是可能的。宗教是由人組織成的，而人除了宗教信仰之外，還有其他很多的社會面。譬如，我雖然是一個信徒，但是，我還在社會上扮演某一角色，具有某種功能、某種力量；於是，透過宗教機構很容易把這些信徒組織起來，利用背後的社會地位、權力等各種關係，來發展宗教，這是可能的。所以，宗教有可能被一些人把持。宗教最大的弱點之一，就是容易被一些居心叵測的人把持及利用，這是最遺憾的事情，也是最可惡的事情。宗教信仰本來非常純粹，是出自人的誠心與善意，希望為自己的生命找到安頓的定點；結果居然有人利用它來達成個人的欲望，我覺得這是不可原諒的。

【問】先總統向大家推薦《荒漠甘泉》這本書，是否能顯示其宗教信仰之於常人不同之處？

【答】《荒漠甘泉》這本書很好，它是以基督教思想做為背景，包含對於聖經許多段落記載的沉思。這本書，也可以當做勵志小品來看，就是在看的時候，會覺得自己應該想深一點、想遠一點，不要只看物質生活，人還有精神生命。這些都是很好的。即使聖經與佛經，也都可以當勵志小品來看，看看之後會覺得裡面有些教訓是很對的。但是，宗教信仰不能夠只從閱讀某些勵志作品得來的，最主要還是要看信仰能不能對你開顯，顯示一種生命的力量，使你可以改變整個觀點。

【問】請您建議獲得「獨特的辨認」的方法，您又是如何獲得的呢？

【答】獲得獨特辨認的方法有很多種。譬如，你若有誠意去信仰一種宗教，你就每天去聽佛經，或是聽聖經，在聽的過程裡面，你覺得感動了，然後誠心願意接受。這是一個準備的過程，等於是「師傅領進門，修行在個人」，你可以慢慢去接觸，到最後也許發現可以接受，你就會有獨特的辨認。

至於我自己的情況，可以說是非常幸運，我在《人生問卷》裡面也提到，我這一生覺得最幸運的幾件事情包括：第一、生為中國人，第二、生在一個信仰宗教的家庭。換句話說，我生下來就信了天主教，沒有選擇餘地。所以，我從小就是聽聖經、聽福音長大的；於是，對我來說，世界本來就有另外一個面貌。我為什麼念哲學，原因也在這裡。因為哲學是唯一能夠讓我覺得念起來值得的學問。其他學科都是針對人世間的某一個特定現象、特定問題去研究的，但是真要研究就要研究根本的哲學問題，這是信仰給我的影響。對我來說，獨特的辨認是一直在進行中的，所以，反而缺乏一個頓悟轉變的過程。譬如，我很少有一種「從前種種譬如昨日死」的感覺；總是一直在這樣的過程中，不容易有急劇的轉變。

【問】我一直對宗教抱著排斥的態度，是否較難找到自己真正的信仰？

【答】這個問題裡面已經把宗教與信仰分開，很好。坦白說，你對宗教抱著排斥的態度，往往是對於宗教的組織結構，與某些信徒的表現不滿意，如此而已。譬如，你若閱讀宗教的歷史書籍，就會發現宗教的歷史，都是相當麻煩的。然後，這樣是不是很難找到你個人的信仰呢？我覺得這是兩回事。你個人的信仰要看你目前生命的存在處境與存在體驗如何，假如你對於現在的生命滿意的話，就繼續過下去；等到你發現這個滿意是假的滿意時，就要努力找出怎麼樣才是真正的滿意。你可以讀各種科學的書、哲學的書，最後你還是會發現，這些書說了半天，都是講一些相對真理，而宗教保存的教義則是絕對真理。你不妨還是嘗試一下。因此，我覺得這兩者應該區分，你不喜歡的是宗教的人物與事件的表現，而不一定是不喜歡宗教的教義。

【問】信仰與信念有何不同？

【答】信念是個人對於一些事情的基本觀念，它是比較簡單的，譬如說，我相信人性是向善的。這是信念，但不是信仰。信仰就一定牽涉到奧祕的世界、超越的世界、生命最後根源的問題。換句話說，信仰可以由許多信念合成，但是，信仰的特色是一套根本的、整體的、有系統的東西。你不能說我有一個信仰，但這個信仰只能說一句、說兩句。信仰一定要說明生前、死後、人的生命的根本問題。信念則可以針對這個過程裡面的某一現象來說，譬如，我相信這個社會有希望，這就是一種個人信念，可以逐漸使它實現。信仰則是一輩子追求而無法完全達成的。

【問】對人生如果抱持著空的信仰，是不是過於消極而難以進步？

【答】不會的。因為真正的空，並不是虛無。佛教裡面講「色即是空」，不是說由顏色所形成的大千世界的一切都是空空洞洞的。它所謂的「空」是說它不著實相，是因緣和合而成的，所以它的空不是真空，而是假空。換句話說，你對整個世界有一種空的了解，代表你看透了這個世界的本性，於是告訴自己不要執著。譬如說，表面上這朵花真美，而事實上沒有什麼花的問題，花只不過正好在這個地方出現，配合了光線，使這個花的顏色顯得很美，所以你可以欣賞它；而事實上光線去掉、香味去掉，這些因緣條件去掉之後，花與樹或草沒有差別。所以，看到空之後，並不會有一種虛無或悲觀的念頭，反而會讓你想要追問這個因緣背後的真相到底如何，同時人生要如何在因緣過程裡面，擺脫各種不必要的束縛。也許你反而會得到這樣的一種智慧。

【問】尋找到真正的信仰之後，人生就會真的很快樂嗎？

【答】快樂與不快樂，在於你怎樣去看。什麼是真正的快樂？譬如我們看《龐貝城的最後一日》影集。那些基督徒尋到信仰了，非常快樂，但是，這種快樂是要付出生命做為代價的。我們常常講「好死不如賴活著」，現在我有了信仰之後，反而要立刻死掉。這裡就可以問：死亡是不是痛苦？或者說，人的生命是否可以用死亡做為代價，而得到真正的快樂？所以快樂有很多種，物質享受是一種快樂，心理健康是一種快樂，精神愉悅是一種快樂，跟朋友一起聊天、看電影也是一種快樂，但這些快樂算什麼呢？這些快樂比起在信仰裡面所得的那種完全的寧靜與喜悅，根本不算什麼。但是這種寧靜與喜悅，恐怕會叫你犧牲生命，那麼是不是很危險、很痛苦呢？如果有人要你為信仰受折磨的話，你是不是願意呢？你若是有真正的信仰，一定很願意、很樂意，為你的信仰而受苦，因為那正好是「普遍的傳揚」最好的證明。所以簡單回答，有了信仰之後會不會真的很快樂？我告訴你，沒有比那更大的快樂。

【問】您是否能對信仰下一個最普遍的定義？信仰是否就是一生奉行不悔的主義？而人又怎麼知道以後的自己不會後悔呢？

【答】這個問題的最後一點很好，就是我現在信了，怎麼知道以後不會後悔呢？我信了之後恐怕信錯了。是有這種事情發生，但為什麼會有這個問題呢？就因為他問題的第二點很有趣，他問信仰是不是一種主義？把信仰當做人間的一種主義，就像任何一種主義都是在一個社會裡面為達成某一理想而設定的學說，如果以這個主義做為信仰的話，後來可能會發現恐怕還有更好的理想，結果你就會後悔。真正的信仰，亦即宗教裡面的信仰，是沒有後悔的餘地的。那麼什麼叫信仰呢？我們這邊給信仰下的定義是，專門指宗教裡面的信仰，所以你要問我信仰怎麼定義，我只能告訴你三個條件——「獨特的辨認、全盤的付託、普遍的傳揚」；符合這三個條件的就是信仰。

【問】「真正的信仰，並不在於你了解了信仰這門學問，而是了解了在你信仰中認識了真神和你跟神的關係。」請問您對這句話的看法？

【答】這句話很好，因為它裡面說信仰並不是我了解一種信仰的學問，而是了解到神的存在，以及更重要的，我跟神的關係。任何信仰所信的並不是神，而是我跟神的關係。關係很重要，如果沒有那個關係的話，我為什麼要信祂呢？祂恐怕是一個漠然的、完全不管我的神，像希臘神話裡面的神。我們在信仰基督宗教的時候，會發現神跟我的關係是我信仰的焦點所在。因為神愛我們、神救了我們。我信佛教的話，就會發現佛跟我們的關係才是重心，譬如祂要普渡眾生。此一關係很重要。

【問】為何你要花三年的時間研究儒家思想？而你領悟到些什麼？

【答】研究儒家思想三年恐怕不夠。我花的時間已經超過十年了。我領悟到很多東西，其中之一就是「人性向善論」。這個說法聽起來很簡單，內容卻非常豐富。儒家對於人性有一種特別的洞視，看到人性的本質真相是一種動態的發展，其方向則是人間的和諧秩序。這個思想開展出來之後，從家、國到天下，從教育到家庭，整個人生可以完全定位。所以，儒家對於現實生命的定位與肯定，是其他的哲學與宗教所比不上的。這一點特別是我們中國人要了解的。但是講到超世間法，就是說生前死後如何，那麼儒家就比不上基督宗教，比不上佛教。

【問】在您自己的宗教信念中，死後的世界究竟如何？

【答】天主教相信死後有天堂地獄，還有一個煉獄。大多數人像我們，大概到煉獄去，因為在這個世界上，好事沒有做完、壞事也沒有做盡。在煉獄要待多久，我也不知道。人死了之後還有時間上長短的問題，我也很難了解。在我個人看來，天堂地獄並不是另外一個世界，而是我們現在就已經開始形成的一個心靈的世界。

【問】您提到行善也是一種造業，是否我們只需要獨善其身，而不再需要慈悲別人了呢？

【答】行善也是造業。做一件事情，就有一件事情的效果，譬如我今天幫助了張三，我的幫助就在張三身上產生效果；因此張三會感恩，他感激我的話，就要回報，結果我反而不能超脫了。於是我必須活著，以便讓他回報，是不是？如此我就不能往住涅槃世界了。所以業不要造太多，尤其不要故意造業。為什麼說行善不欲人知，原因就在這裡。做好事，不要讓別人知道，讓別人無從回報，然後把善行施於其他人。佛教裡面就談過這個問題。

至於「獨善其身」，與這個並不衝突。獨善其身原意是說「窮則獨善其身，達則兼善天下」。要注意這句話的全部。當我不得意的時候，想幫別人也幫不上，我當然只有做自己能做的事情；但是「達則兼善天下」，這個時候還是要行善，去幫助這個世界。但是行善不欲人知，或是說「有心為善，雖善不賞，無心為惡，雖惡不罰。」這句話說得很好，對於善惡可以作一種說明。為什麼要無心呢？這是一種智慧的表現。

【問】您的信仰是什麼？怎樣使一人的生命力量真正發揮出來？

【答】我的信仰剛剛已經說過。但是我到耶魯大學之後，我的指導教授告訴我，說我剛到耶魯來時，是一個基督徒超過是個儒家；但是經過耶魯四年之後，發現我是一個儒家超過是一個基督徒。這是我的指導教授給我的評語。這說明什麼？我在台灣的時候，從小發現自己是一個基督徒，就很容易對傳統、對中國、對佛教、對其他思想有一種特定的態度，我到國外之後，受到不同文化的衝激，然後發現，做個中國人，做個儒家，有他的特色，於是我在行為、思想、觀念裡面就表現出來，使得外國人看到我之後，覺得我不太像基督徒，反而像個儒家。

那麼什麼叫儒家呢？簡單說來，以做個學生來講，就是逆來順受，盡自己本分，從來只要求自己、不要求老師；然後，努力做好自己的事情，要求自己很嚴，對老師則非常尊重，長幼尊卑分得很清楚，進而克己復禮。然後，四年下來，他發現我跟外國人不一樣，很多基督徒也沒有像我這樣子的，他才說，這就是儒家了。這是我對自己信仰的描寫。現在，在許多方面，我認為自己是兩種信仰都具備；但是往往我喜歡自稱是儒家的信徒，因為在這個世界上，儒家的思想可以帶我走很長的路。但是，在基本信念上，我一向相信上帝的存在，但那是什麼樣的上帝？這需要再作進一步說明。

【問】摩門教、印度教、回教的教義是什麼？還有基督教為什麼會分那麼多的派別？

【答】前面三個教的教義，實在沒有時間去談。我們只能說，摩門教是最近兩百年左右在美國發展的，是基督教最新的宗派之一。而印度教是印度傳統文化的核心，印度教已輕變成印度人生活的指針，像甘地就說：「如果你覺得我這種行為跟基督徒很像的話，我告訴你，我這種行為是印度教徒的行為，那麼你何必勉強我信基督教？」甘地的回答實在非常精采。至於回教（伊斯蘭教），我們知道回教含有具體的民族主義、種族主義的成分，以至於在中東地區，表現出一種特殊的色彩，另一方面它也有屬於本質的部分，這些沒有時間去談。

其次，為什麼基督教會有那麼多的派別？這實在是很大的問題。天主教只有一派，它有很多不同的修會，但都屬於同一個羅馬教皇。基督教有很多教派，因為基督教開始的時候，是為了反對那個統一的天主教，而根據各自的民族傳統、語言傳統、聖經解釋，在歐洲開始分裂。差別在哪裡？差別在於天主教有統一的解釋聖經的途徑，基督教則容許信徒透過自己的了解去作新的解釋。因此，既然個人可以解釋，就在不同時代、不同地方，愈分愈多了。天主教始終要回到羅馬作最後的決定，如果你不遵照這種解釋的話，就開除你或不讓你傳教。所以天主教可以保存統一性，而基督教派別愈分愈多。這裡面各有利弊，很難一一評斷。

【問】宗教是尋求真正信仰的唯一途徑嗎？

【答】不是。宗教並非尋求真正信仰的唯一途徑，因為宗教是為人而設的。譬如在西元前一世紀的時候，沒有基督宗教，那時候西方人怎麼辦？佛教是釋迦牟尼在西元前六世紀的時候所創的，沒有它之前，許多人要信仰佛教怎麼辦？所以宗教不是真正信仰的唯一途徑；相反的，真正的信仰可以產生真正的宗教。只不過許多大的宗教既然經過一兩千年下來，幾乎已經統合了人類的宗教意識所可能達到的一切高度，因此，我們在選擇信仰的時候，往往喜歡相信一些有傳統的、歷史悠久的宗教。它們經過歷史的考驗與篩檢，最後所得的是相當精粹的結果。就像是一個如來佛掌，我們很難擺脫了。因此你今天如果想要創個新的宗教，往往是好高騖遠，不切實際。

【問】中國人的拜拜是一種傳統習俗，但又像是一種宗教、一種信仰，這是不是荒謬呢？

【答】這一點並不荒謬。中國人拜拜，你要看拜什麼？如果是拜祖先、拜鬼神，都有很長遠的傳統。中國人拜祖先在夏商周三代就已經有了。像「祭天地、祭祖先、祭聖賢」都有長遠的傳統。孔子說過：「非其鬼而祭之，諂也。」所拜的如果不是自己的祖先，就是諂媚。換句話說，這代表當時已經有拜祖先的習俗了。所以就拜拜來說，屬於民間信仰。有時把儒家、道教、佛教全部混合在一起，重要的是，拜拜的目的是什麼，拜神如果只是為了求得一些現實利益的話，就很可惜，等於是談條件做買賣。如果拜拜的目的是為了盡心、慎終追遠，則是非常好的。

【問】在你讀過的書籍、觀察的事物中，最能讓你感受深刻或深思不已的話是什麼？

【答】在不同的階段有不同的話讓我感動。我在年輕的時候，曾經覺得應該追求物質生活，可是後來想起耶穌的一句話，他說：「你們不要掛慮吃什麼穿什麼，生命不是勝於飲食嗎？身體不是勝於衣服嗎？」生命比飲食重要，身體比衣服重要。所以我一向不大注重穿著與外表。這告訴我什麼呢？生命有本末輕重，我們應該認真分辨。你沒有時間，也沒有精神去注意那些瑣碎的外表。像這些就是我在念書過程裡面所學到的。這個問題因為需要仔細思考才能回答，我在此只簡單提一點。

【問】您回答您女兒最後的話語：「這是假設的，無法證明」，是否指上帝造人是假設的，如果是的話，如何讓信上帝的人信服？

【答】我沒有說上帝造人是假設。我是說猴子變人是假設。上帝造人不是假設，而是一個信仰。為什麼有這種差別呢？因為猴子變人原來所說的，是一個客觀的、事實上的演變過程，但是在科學上無法找到演變的根據，所以在科學上稱它是個假設。上帝造人不是一項假設，因為這項假設沒有解決問題。它解決了人從哪裡來的問題嗎？不是的，人可能是從其他生物演化來的，但不是單單從猴子演化來的。猴子只能提供人的出現之必要條件，如身體，人的體形跟猿類差不多，但是這個必要條件不夠。所謂上帝造人，是說人除了這種身體的條件之外，還有人做為人的本質特色，一種自我意識的能力，而這就要推源於上帝所造的。我們要強調的是這一點。

【問】請問您對基督徒在公眾場合傳教方式的看法？

【答】這種方式有很多種，公眾場合包括電視布道與公開演講。基本上我認為傳教是可以肯定的，因為傳教的人真的相信，並且希望別人分享福音，所以他要去傳教。但是，方式很重要。有時候看到一些人過於勉強別人，講話很直接，好像你不聽就有罪。我認為，不要去直接判斷別人，不要給別人各種壓力，信仰應該是一件快樂的事情。你給人壓力的話，反而會使人覺得信了之後很可怕，好像要去一個不知道什麼情況的世界。

【問】你對「被愈多人肯定，他的價值愈高」的看法？

【答】對於「愈多的人肯定他，他的價值就愈高」這種看法，坦白說我認為完全沒有意義。因為愈多人肯定他，譬如一位歌星、一位明星，他的影迷不曉得有多少，但是，這個完全不相干。因為外面的肯定，往往是根據這個人某一方面的表現。因此，重要的是要看被誰肯定。我記得在美國念書的時候，余英時先生說：「如果你是研究物理學的人，你希望被一千個物理系的學生肯定，還是希望被一個愛因斯坦肯定？」當然是一個愛因斯坦。換句話說，一個愛因斯坦說我好的話，勝過幾千幾萬個研究物理學，甚至不懂物理學的人對我的肯定。所以，我們不要在人群裡面尋找肯定、尋找掌聲、尋找安慰，而要在專業領域裡面尋找。

進一步談到信仰問題的時候，甚至不要在專業領域裡面，不要在任何人的身上求取肯定。因為人間沒有任何肯定與安慰，可以比得上信仰裡面對自己跟神的關係或是跟佛的關係的肯定。

第四章：最後一張王牌

人生的最後一張王牌是什麼？

人生，以淺顯的比喻來說，像旅行一樣，也像作夢一樣。今天我們要用的比喻是：人生像牌局一樣。在玩牌的時候，我們每一個人手上都有一副牌，我們是玩牌的人，但是我們自己本身也是一副牌，也在被別人玩。這時，玩牌的人可能是命運，可能是上帝，也可能是整個社會裡面一種無形的力量。所以我們既有一副牌，本身又是牌，那麼我們要如何設法協調兩者，讓自己能夠比較主動的、清醒的，把人生這副牌打得精采。

我在《成功人生》這本書裡面，曾經寫過：「真正成功的人生，不在於一開始就握有一副好牌；真正成功的人生是把一副壞牌打得可圈可點。」事實上，沒有一個人的牌是全部好的，或全部壞的。在這裡，我們到底要如何掌握玩牌的關鍵？以下要作進一步分析。

我有多少東西？我是什麼樣的人？「有」與「是」，兩者不同。我所「有」的，並不代表我所「是」的；我所「是」的，也不一定就是我所「有」的。這兩個觀念，要怎樣分辨本末輕重？「我是」要重於、要勝過「我有」。你可以有許多東西，但是未必知道自己是誰。我想這是一種很大的痛苦。

我對人生厭煩嗎？

現在要分由四個角度來解釋。首先要問：我對人生厭煩嗎？如果厭煩的話，就可以繼續談第二個問題：我究竟在哪裡？然後，第三個問題：我是誰？以及最後一個問題：我要去哪裡？這四個問題要陸續加以說明。

為什麼我們有些時候對人生厭煩呢？從小開始我們就會提出許多問題，這些問題有一個大概的順序，用英文來說的話，比較簡單清楚。第一步是「What」，到底人生是什麼？我們發現有許多經驗、許多事實存在，這些經驗與事實，是任何人去認識就會發現，它們是不會改變的。

譬如，人類這個族群出現了多久？目前地球的生態環境如何？國際形勢對我們是否有利？這些都是事實，也就是「What」，發生了什麼事情。其次，可以問「How」，這一切是怎麼發生的？問到「How」的時候，就是要考慮因果條件。任何事情的發生都有前因後果，我們在生命的過程裡，不會只滿足於知道發生了什麼事，我們還希望知道它是如何發生的。這樣還不夠，還要到第三步，要去問「Why」，為什麼？為什麼會發生這種事，而沒有發生別的事？為什麼事情是這樣，而不是那樣？但是，到了第三個問題還不夠。我們把這些問題掌握住之後，就要問一個根本的問題，「For what」，為了什麼？為了什麼要比為什麼更重要。因為它直接關係到人生意義的問題。你即使了解這個世界為什麼存在，你還是要問，我的生命是為了什麼。我這樣做是為了什麼。所以從What到How，再到Why，最後到For what，這些問題很少有人可以系統地加以回答。

因此，我們對人生有時會感到厭煩。為什麼厭煩？因為許多事情是我不了解，是我不能解釋的，但是我又必須活下去。活下去，卻帶著許多迷迷茫茫的問題與困惑，對一個人來說，是很大的壓力。久而久之，就會設法把它遺忘，或是故意不看它。但這種做法會讓自己忽略內心的疑問，因而覺得對自己不夠滿意。

無根的族群

現在要簡單說明，人的生命為什麼會出現這種情況呢？我們有下列三點觀察。第一，現代人是無根的族群。人類是一個群體、一個族群，人類這個群體為什麼沒有根呢？這可以從兩方面來看。一方面，人類的根，從發生方面來看，是整個大自然的世界。大自然最主要的特色是充滿生命循環的韻律，如春、夏、秋、冬不斷運行，「冬天來了，春天還會遠嗎？」這說明了人要永遠抱著希望。

人類的生命來自大自然，與其他萬物是一樣的。如果與大自然密切結合在一起，我們的生命問題可以減少一半以上。電影《翡翠森林》描寫在澳洲的印地安人如何與大自然的韻律結合在一起，以至於一個白人小孩寧可成為一個原住民，也不願成為一個現代文明社會中的人。

因為現代文明社會的人，離開了大自然的根，把生命只當做一去不復返的過程，以至於要及時行樂，把生命當做可以任意揮霍的資產，眨眼一過去就沒有了。而大自然的生命是一直在循環的，生老病死之後，還會再生。所以古代許多民族都有一種月亮神話。看到月亮慢慢慢消失了，大家都很害怕；尤其到了月蝕的時候，人們更是覺得驚慌。但是他們也都深信，月亮慢慢消失了，還會再恢復，所以月圓、月缺，就形成了月亮神話。

現代人與大自然產生隔閡，今天這種隔閡的情況相當嚴重，以至於保護生態環境已成為普遍的共識。第二方面，人類的根，從他生長的過程看來，是家庭。家庭是一個人生命的根，因為它兼顧人類的生理、心理、倫理三個方面。

人的生命要比其他動物更為脆弱，我們有最長的「幼兒依賴期」。也就是說，人類的幼兒依賴父母的時間與程度，超過其他的動物。這種生理上的依賴，造成心理上互相肯定的需要。有些人因為無人關懷而寧可不要活了，原因就在這裡。心理上的互相肯定與互相關懷，進而造成倫理上，就是父母與子女之間、兄弟姊妹之間，道德關係的定位。從這裡再推到朋友，到君臣，到整個天下人與人之間所有的關係。

家庭是一個人生命的根。一個人如果家庭狀況不理想的話，往往會覺得自己像浮萍一樣，這一點在今天特別明顯。然而現代人的家庭觀念已經大幅度改變了，而家庭的形態呢？也變得相當複雜而難以了解。所以我們說現代人是個無根的族群，這是寫實的觀察。

人我的隔閡

第二步，要注意「人我的隔閡」。如果以人類整體來看，它是失根的，那麼下一步呢？

我們至少還是人類，屬於同一類。我們不會說自己跟貓狗或其他動物屬於同一類。我們覺得我們是同一類，應該「相看兩不厭」。事實上卻都是隔閡甚深。這個隔閡來自兩點簡單的理由：第一是「無人」；我沒有看到人，我看到的是一個部分的人，我看不到全部、整體的人。舉例來說，我們在社會上接觸到的人，見面先交換一張名片，名片上面寫著你的頭銜，這個頭銜（Title）就代表你的功能與作用。

我們常問一個人，他有什麼用？在互相責怪的時候也說：你怎麼不能像別人那麼有用？這就是以用處來取代一個人的全部，以功能來代替意義的話，就看不到完整的人了。因為任何所謂的「用處」，一定要放在固定的因果條件與環境裡面才能發揮。所以，一個人離開社會的話，他的用處通通落空，那麼他還是個人嗎？他還有人的尊嚴嗎？這是我們要省思的。

現代化的社會自然走向分工合作，其實是分而不合，使得每一個人在上班的過程中，只知道自己是一個作用，一個功能，可以像機器裡面的一個零件一樣，發揮某種特定角色的作用。離開那部機器的話，就不知道自己到底有什麼用了。我現在想到的是，離開大學的話，我有什麼用呢？我除了會教書以外，還有什麼用？有時候會忽然覺得不安。平常我們以為軍公教人員很有保障，有著鐵飯碗。可是忽然一想，任何事情都是沒有保障的，人活在世界上，連生命本身都是沒有保障的。所以，假如有某一種固定的職業，或某一種保險，就讓你覺得很有保障的話，那是一種假相。那是相對的保障，而不是絕對的。絕對的保障不能訴諸外在的東西。

第二方面，我們發現，人與人之間的關係是「無情」。為什麼沒有感情呢？因為我必須認識很多人，現代人在一年裡面認識的新朋友，超過古人一生認識的朋友。我的感情怎麼夠用？只好把它打薄一點，打薄一點就可以分散得周延一點，使它的廣延性高一點。於是我見了每一個人都客客氣氣，卻很少能夠談心。

再舉現代人最喜歡看的電視為例。我最不欣賞的是，電視一方面說每個人都有知的權利，然後把全世界的災難都告訴你，讓你每天觀看世界各地的天災人禍，長期下來之後大家都麻木了。最初看到這些報導，會覺得難過、同情，甚至憤怒，但是最後也像大家一樣，覺得無力感。再繼續看下去，就覺得無奈，覺得命運在捉弄人。久而久之，再看的話，就感覺人生的本質是無聊了。

當然，這一段話讓人聽來覺得刺耳。但是坦白說，各種資訊看到最後有時不知道是真的，還是假的。因為電視可以演出虛構的戲劇，同樣的這個畫面，也可以出現許多真人真事的鏡頭。有時候你弄糊塗了，不知那是真實的事情，還是虛構的情節。真實與戲劇混在一起，最後是我們的情感世界，受到一再的刺激和考驗，也變得麻木了，很難對別人產生真正的感情。

我們看到飛機失事的時候，鏡頭照到現場，死難的人已經不知道在哪裡了。我們可曾想像，如果我是那飛機上的一個乘客，我在飛機出事的那一剎那，有什麼樣的震撼與恐懼？你想到一點點的話，就會覺得無比同情。

同樣的，像天災人禍發生時，我們坐在家裡吹冷氣，舒服地看各種相關影片的時候，會覺得別人好可憐。我們如果在現場的話，會有什麼感受？那種感受才是我們真正應該有的。

我們透過傳播媒體得知全世界的各種消息，久而久之，我們完全失去回應的能力，無法像正常人一樣回應它們了。於是，在路上看到發生車禍，我們不知是真是假，以為這是每天都有，每天總會死傷幾十個人，就見怪不怪了。結果，我們對身邊的人，也缺乏關懷之心，造成了人我之間的隔閡。你如此對待別人，別人也同樣如此對待你。

為何逃避自我

下一步呢？我們發現人還會「逃避自我」。為什麼要逃避自我？前面談到人類整體失掉他的根源與大自然疏離了，家庭也扭曲了；談到我們與別人之間的關係，好像看不到完整的人，沒有真實情感的表現；然後再進一步，我們發現人類想要逃避自我了。我所有剩下的一切就是自己，那麼為什麼要逃避自我呢？因為這個自我給我兩種壓力，一是我必須做選擇，二是我必須負責任。

換句話說，我有自由，自由原是可貴的資產，多少人為了爭取自由而犧牲生命；但是不要忘記，當我們有了自由之後，往往會害怕自由，想要逃避自由。心理學家說得很清楚，一個人處在社會上，喜歡依附群眾，或者依附某種主義、某種團體、某種學說，藉此逃避自己選擇時的壓力。逃避自己，主要是因為對自己的生命覺得厭煩、覺得焦慮，覺得自己再怎麼努力也是一樣。有時候忽然發現，自己跟幾年前沒有什麼差別。這種感受來自我們對自己本身所要求的標準，沒有任何明顯的進展時，就會覺得對自己不耐煩了。所以，我們需要定期離開原有的環境，重新去思考如何為自己定位。

同時，我們對別人也會感到厭煩，覺得身邊常在一起的人，只有三種可能的情況：一、比我差的；跟那些比我差的人在一起，久而久之，會覺得索然乏味，生命缺乏挑戰。二、比我強的；跟那些比我強的人在一起，再怎麼努力也沒有用。三、與我一樣的。都與我一樣，還有什麼意思呢？於是，覺得對自己厭煩，對別人也有同樣的感覺。

其次，談到所謂的焦慮。焦慮是存在主義常用的術語，意思是說，人活在世界上，一定要堅持某種立場，譬如我活在世界上，有做人的原則。堅持立場固然很好，但不要忘記，這立場要如何堅持？因為許多時候，我們會發現自己錯了。所以，一方面要堅持立場，另一方面又要保持開闊的心胸，隨時準備承認自己會錯。這樣才可能進步。

於是，一方面要堅持，一方面要妥協。兩者如何協調？在此產生了焦慮。我們每天都在焦慮之中生活，我們的國家、政府、社會都一樣，這幾十年以來，我們堅持什麼？我們放棄什麼？我們在猶疑徬徨之中。時代在變，環境在變，一切都在變，人性有沒有變呢？人性沒有變。我有沒有變呢？我也沒有變。請問要怎樣在變與不變之間，尋找一個平衡點呢？這種焦慮是存在上的焦慮，沒有人可以逃避。

我對人生覺得厭煩，那麼可以採取一些策略，最簡單的策略就是逃避，就是跟著流行走。大家怎麼做，我也怎麼做，避開思考的壓力，英國哲學家彌爾（J. S. Mill）提過一個問題：「你願做一個痛苦的蘇格拉底，還是做一隻快樂的豬？」當然，並不是說只有這兩種選擇。蘇格拉底喜歡思考，是個哲學家，但他痛苦嗎？許多人會希望做一個「快樂的蘇格拉底」，有沒有這種可能？很難，但也有可能。結果往往是一廂情願。請問，自古以來，在人類的世界上，有沒有過真正的快樂？這是很好的問題。如果有的話，宗教就不需要出現了。就因為沒有，所以需要宗教。就因為沒有，所以蘇格拉底的痛苦，可以使他變成一種喜悅，所以《薛西弗斯的神話》裡的薛西弗斯雖然推石頭上山，卻可以把石頭看做自己願意接受的責任，所以我們應該想像他是快樂的。他本身是不是快樂呢？沒有人知道，知道也沒有用。因為重要的是，我們自己是不是快樂？

所以我們要進一步思考三個問題：「我在哪裡？」「我是誰？」以及「我要去哪裡？」有些問題沒有明確的答案，但我們還是要有思考的途徑及路線，這才是最重要的。因為問題的答案會隨著個人生命的經驗及智慧的成長而展現新的面貌。所以太早給你一個固定答案，反而會壓制自己創新的機會。

我在哪裡？

首先要看「我在哪裡？」當我們問一個人在哪裡的時候，是問一個與空間有關的問題。在什麼地方，這地方多大、多小？這個時候，要思索有關空間的觀念。

生存領域與物理空間

譬如上班的時候，在公司裡或在學校裡，這是我們的生存空間。你分到了幾坪？你們家有幾坪，住幾個人？這涉及人口密度的問題。

所以，談到空間，問自己在哪裡的時候，首先就要問我有多少空間可以使用，那是屬於我的。在這一點上，我們發現，人類整體所占的空間越來越小，動物也一樣。高雄萬壽山動物園發生過一件事，報紙上記載得很詳細，就是大河馬咬小河馬。因為河馬繁殖太快，池子太小，結果大河馬就咬小河馬，差點把牠咬死。後來，還要靠人把小河馬救出來。為什麼？生存空間對動物來說，也是一樣需要的，何況人類呢？而現在我們的生存空間小到什麼程度呢？台北市每平方公里的密度，超過一萬人，這代表什麼？這並不是一種比較上的問題，例如，香港如何？巴黎如何？東京如何？而是真正適合人類生存的空間是多少，這是一個基本的需求問題。以這個做為標準，才能反省我們現在的情況，還可以忍受嗎？或者已經超過忍受的限度了。

法國歷史學家布勞岱（Braudel）做過一個研究。他的結論：「人類在歷史上，文化創造最快也最燦爛的時候，人口密度是每平方公里三十個人。」換句話說，每一平方公里住三十個人，這三十個人都會有足夠的空間，因而視野開闊、心胸寬大，見到別人都很友善。因為沒有摩擦，不會擁擠，可以從事文化的創作，並且對人類的問題做深度的思考。

每平方公里三十個人是不錯的，這一點我是覺得很有道理。人類的主流文化大約在紀元前六世紀到一世紀這幾百年之內出現。各宗教及哲學中，偉大的先驅幾乎都出現了，而那個時候的人口密度，大約就是每平方公里三十人左右。我們現在每平方公里一萬人，只能勉強活著而已，文化創作談不上，深度思考也很難講，所以這是在生存空間方面，我們要知道的。

不過，人類做為人類，是萬物之靈，的確是不簡單。為什麼？他除了生存空間之外，還有一個生活空間，這個「活」字更重要。

生活世界與心理空間

生活，是說我們活在世界上，除了住家那麼小的地方，讓人幾乎不能呼吸之外，我們還有心靈，還有想像力，還有思考的能力。提到這一點，我想到一位波蘭猶太人的故事。第二次世界大戰開始之後，波蘭很快就被德軍占領了。德軍占領之後，就追殺猶太人。有一個十歲的波蘭小孩，父母把他藏在朋友家裡的閣樓上，然後逃走了。小孩在閣樓上住了四年，那個閣樓多小呢？他只能躺著、蹲著、坐著，而不能站起來，於是四年下來，這個猶太小孩終身駝背。他為什麼可以活下去呢？並且還活得不錯，因為他後來成為一個著名的文學家？他在那四年裡面，讀遍世界經典名著，每天在上面趴著、蹲著看那些小說、散文、戲劇，就這樣靠他的想像力、理解力，來超越生存空間的限制，使他的心靈世界非常寬廣，可以遨遊於古代，出入西方與東方，所有人類的空間世界在他的心靈之中再現出來。由此可見，人有豐富的心靈能量，可以超越生存空間的限制，進入廣闊的生活空間。而這一點正是他成功的祕訣。

我們不曾遭遇這樣的一種考驗，能不能達成類似的效果呢？坦白說，絕對可能。只是我們要逐步去適應，選擇正確的途徑去發展，充分運用思考、想像和理解的能力。

我自己的親身體驗如下。我一九八〇年在美國東北角的耶魯大學念書的時候，離鄉背井。經常會想家，就是所謂的鄉愁。我的鄉愁，除了針對台灣這個家鄉之外，還有一種文化鄉愁。所謂文化鄉愁，就是常會感慨中國走到今天這麼複雜的地步。雖然中國文化是傑出的、悠久的、偉大的，然而今天中國人的處境並不理想，看看多少人想移民就知道了。

那麼，到底中國文化有沒有什麼問題呢？我常會想到這一類問題。我知道美國再好，但不是我的家鄉，想到這些問題時，心中覺得衝突矛盾，怎麼辦呢？這時要靠審美情操，像自己愛聽的音樂，來緩和心裡的壓力。

以音樂來說，我在寫論文的最後階段時，多次想要放棄算了，因為壓力實在很大。我逼自己在三年半到四年之內，要把博士學位拿到。而耶魯大學平均拿文科的學位是七年，對美國人來說是七年，何況對我們外國人。在四年之內想要完成學位，就必須在兩年之內選修十二門課，同時要考過德文、法文，最後因為論文題材的關係，還要加考日文。這樣一關關下來，一個人到底有多少能耐？真是讓人懷疑。

這個時候怎麼辦呢？我有兩個方法。第一是聽音樂。我念大學時，常聽西方流行的音樂，有些曲子使我悠然神往。我到現在還是很喜歡芭芭拉．史翠珊唱的曲子。只要收音機一傳出她的聲音，尤其是《回憶》（memory），聽到那一首曲子時，覺得好像忽然進入另外一個時空，回到大學時代充滿活力的階段，可以面對任何艱巨的挑戰。好像青春時期的力量與鬥志又回來了，然後面對當前挑戰就不再懼怕了。這是一種方法，回憶你曾經有過的成功紀錄，戰勝的經驗，然後相信今天的這種挑戰不足以讓你屈服。

第二，就是想像成功之後的快樂。譬如想像有一天會在這裡演講，這種想像是非常愉快的事。因此，面對當前的困境，要以過去的成功經驗以及未來可能的成功，聯合起來對付眼前的壓力。

這是心理上可以發揮的作用，這種作用發揮出來，固然可以應付當前的事件，但不能長期如此，不能一輩子都活在過去和未來之間，這樣的生活是難以想像也難以忍受的。此外，我們可以培養各種興趣、娛樂與嗜好，藉這些來分散壓力，同時還可以延伸我們的觸角。尤其是朋友的幫助更不可或缺，往往有一個朋友在很遠的地方，那個地方對我們來說就變得熟悉了。

如果有親戚或朋友在美國某地念書的話，你就會對當地覺得熟悉。聽到有人從美國來，就會問他，有沒有在那個學校見過誰。譬如有人從耶魯回來，我就會問他，有沒有見過誰，好像耶魯只有幾個人似的。有了朋友之後，他等於是你生命的延伸，他在那邊等於你在那邊一樣。他的一切是你所關心的，關心就是一個焦點，這個焦點把你帶到不同的時空，使你眼前這個時空，得到開拓的機會。

生命的中心與重心

從生存到生活，然後最重要的是生命。在生活空間方面你有所憑藉，需要依靠小說、戲劇、音樂、藝術、朋友，都還要「依靠」。到了生命這個層次，就要把眼睛閉起來，問自己的心眼是否可以張開來，這時要想的問題是：我的生命有沒有原點？原始的那一點，也就是說，能不能回到我初生的那一種狀態，充滿奮鬥的意志，充滿無限的生機，像我們現在看到的小孩，圓滾滾的，充滿無窮的生命力一樣。而我們年紀愈大，生命力也慢慢萎縮了。

要問我們自己生命有沒有原點，即是要問創意有沒有源頭？創意就是創造性。像「to be

is to be more」，生命就是不斷的創造過程，那麼我的創造有沒有源頭活水呢？如果我的創造只是被迫的，或是從外在學習的話，很容易就乾枯了。

創意如果有源頭活水，代表內在的生命力是活潑的。心靈保持敏銳，對於整體存在，如自然界與人類的整個情況，都能有直接的感應，因為整個宇宙所有的一切都是互相感通的。在這一點上如果可以肯定，我的創意就將源源不絕地展現。

這時還要問，我現在所承擔的一切責任，是不是值得？這個問題最難回答。每個人都有一些責任，從個人到家庭到社會，到自己的工作、職業；全盤考慮下來之後，每個人都有不少責任。這些責任是不是值得？坦白說，許多責任並不是像我們所想的那麼重要、那麼值得。

回想一下，我們過去所設定的責任，譬如以聯考為終身大事，但那個責任一旦承受過了之後，就會發現並不值得我們付出太多生命的能量，因為生命還有其他方面是更值得我們去承擔的。

「我在哪裡？」就是要問：在實際生命裡，我的住家有多少坪？我當然希望地方愈大愈好，譬如我家有五十坪大的話，我會覺得很舒服。我的辦公室如果有二十坪大的話，我會覺得自己像皇帝一樣。這就是我們實際的生存空間，這種空間只是一種必要條件，只要勉強夠用就可以了。

小時候家裡七個兄弟姊妹住的房間才二十坪不到；一家九口住二十坪，也從來不覺得擁擠，反而覺得一家人很和樂。現在我們每一個人都成家之後，我一家三口，就有三十幾坪，還是覺得好像空間不夠。常會覺得你又礙著我了，我又礙著你了；這個「礙」可以解釋成「愛」，也可以解釋成阻礙的「礙」，這兩個字念一樣的音，是很有意思的。

這個時候，我們發現，我們需要有生活空間，這一點十分重要。我們常講生活在一起，即使各種條件不好，人口密度太高，使我們覺得互相之間擁擠、摩擦的機會太多，我們照樣可以培養一種生活情趣，就是在這個意義上。

但是現在有很多生活大師，而很少有思想大師，這也是個問題。你看電視上尤其是賣房屋的廣告真是好看，令人目眩神迷，看得非常羨慕。但那只是一種從生存到生活這兩個層次之間的表現而已。就生活本身來說，我們也看到很好的安排，讓我們心靈的觸角可以延伸得很廣。但重要的還是生命的中心與重心。因為要把眼睛閉起來，把所有的思想往內去尋找，「我做為一個人，對自己能不能肯定？」如何肯定呢？必須先知道我是誰，認識我自己。所以，下面我們接著要談「我是誰？」

我是誰？

這問題聽起來很簡單，「我是誰？」我當然知道啊！沒有一個人不知道自己是誰，大家都帶了身分證，沒有問題的。但是為什麼要問這一點呢？因為第一、我們晚上睡覺作夢的時候，常會夢見自己變成別人。我想這種經驗不是我特有的，像莊子，他夢見自己變成蝴蝶，這是更麻煩了，我至少還沒有夢到自己變蝴蝶。我常會夢到自己是別人，醒來之後發現，原來那個人不是我。這說明我們對自己是誰，不一定有把握。不但晚上睡覺作夢會如此，白日夢也一樣。譬如我們常說「如果我是他就好了」，「如果是王某人就好了」，或「如果我是誰……我就怎麼樣」。生命中的「如果」都是這種對自己認識不清所造成的結果。耶穌曾經問他的門徒：「你們說，我是誰？」耶穌當然知道自己是誰，這是沒有問題的。但他還是要問一下，需要他的學生肯定一下，你們能不能說我是誰？為什麼要問這個問題呢？因為開始的時候，大家都知道第一，耶穌是一個猶太人；第二、他是一個木匠的兒子。這是我們給他的定位；第三、他是個傳道人，他喜歡跟別人講一些道理。最後，他的學生才說：「你是上帝的兒子。」耶穌非常滿意這個答案。

界限狀況的壓力

這個例子告訴我們，以耶穌這樣一位超級偉人，有時還要問「我是誰？」何況我們一般人呢？所以這個問題是非常合理的。那麼如何知道我是誰呢？

首先，要願意面對自己，這種願意往往是被迫的，被迫面對自己。被迫是來自「界限狀況」的壓力。什麼是界限狀況呢？我們活在世界上，往往是按照正常的、一般的軌道去生活，沒有想到其他問題，也不需要多想。人生如果常想一些譬如本文所講的問題的話，你還能上班嗎？還能工作嗎？工作做了一半，在那裡想人生問題，恐怕老闆就把你開除了。所以，你平常不必想這樣的問題，但是在面臨界限狀況的時候，你就會想，也不得不想。

界限狀況是指什麼呢？大概有三方面。第一，生理上的界限，生理是指我們的身體、自然的生命，它有一個限度，這限度最明顯的是生病、受到傷害，以及自然發生的衰老，以及最後一定會碰到的死亡。所以在生理上，像老了、病了、死了，這些界限都是。一個人平常可以不想「我」的問題，但在這些時刻卻非想不可。到醫院去探望病人，會覺得氣氛凝重。如果是自己住在醫院，一看都是白色的色調，白色代表單純，沒有任何彩色。生命是多采多姿的嗎？你到醫院看看就知道不是；生命終究是白色的，白色是沒有顏色，是空洞的。

在這個時候，我們就會想：「我到底是誰？我為什麼會在這個地方？我將來要去哪裡？我這一生所做的一切是否值得？」我在學校教書，有一個學生在期末考前發生車禍，他從醫院寫封信來，上面說：「現在我要認真思考自我的問題。」他以前不需要想這些。一個二十歲的大學生為什麼要想呢？沒有必要也沒有理由去想，生命正值青春，充滿無窮活力。但是面臨界限狀況時就會發現：「昨夜西風凋碧樹。」西風一來，碧綠的樹隨時都可能凋零。你以為自己很健康，隨時一個車禍就過去了；你以為自己有了一切，但隨時可能失去一切。所以這種生理上的界限，是每一個人都會碰到，只是時間遲早而已。這些時候就會迫使人去思考。

以釋迦牟尼為例。釋迦牟尼出生的時候，父母就知道這個孩子將來可能會出家。父母是個小國的國王與王后，當然不希望自己的小孩出家，就不讓他離開皇宮。他在宮中生活得非常愉快，十六歲就奉命完婚；第二年生了一個兒子。多年之後，父母想，他現在已經二十九歲了，就同意他：「好吧，你已經長大了，可以出城去走一走。」他就帶幾個隨從到城外去。走著走著就看見一個人怎麼這麼醜？這麼難看？「啊！這是老人。」再往前走，這人怎麼這麼可憐、這麼痛苦呢？「他是病人。」再繼續往前走，這人怎麼這麼可怕呢？「他是死人。」釋迦牟尼出城之後，看到老、病、死，頓然悟到生命的無常，立刻決心跟隨僧人出家修行了。他在沒有出城之前，根本不需要思考這些問題，因為尚未碰到這些界限。

有智慧的人，不要等自己碰到界限才去反省，看到別人所顯示的界限，就應該可以反省了。這是古代，但現在很難了，今天你若是看到別人的情況就反省，那麼每天打開報紙，就不知道該怎麼辦了；每天看看電視，又不知道該怎麼辦了。這實在是現代人的困境，這種困境，坦白說，能否解決，就要看個人自己的造化了。

由此可見，生理上的界限是很實在的。再看第二步，心理上的界限。平常我們在心理上認為自己很正常，是個正人君子。的確，在日常生活裡面，我們與人來往都有一定的原則，與別人相處都是講道義的，即使講的是利害，也還說得過去，覺得自己是一個不壞的人。但是不要忘記，心理上也有脆弱的時候，我們面對考驗，也有無法承受壓力的時候。

譬如，我在台大教書，很多平常很好的學生，考試的時候就有問題了。我問他們現在考試到了，心裡有什麼想法？有人很坦白：「心裡想作弊。」這就是他在心理上所碰到的界限，平常沒有那個問題。考試想作弊，並不是什麼壞事，真的去作弊，才是壞事。想作弊沒有關係，誰不想作弊呢？台灣是考試王國，以至於每一個學生每天都要考試，如果能不費什麼力氣得些分數，不是很好嗎？

但是這就出現了矛盾。我是不是像我原本所想的那樣光明正大？或者，我心裡有黑暗的一面，是我平常沒有注意到的？一旦注意到了，就會發現自己並不可愛，有的學生畢業之後到社會上服務，占據一個重要地位，有人來跟他關說、送禮，他問：「你送多少禮？」「一萬塊。」「那你把我看得太小了！」這一萬塊不算什麼，好吧，慢慢加，加到一億的時候呢？就想了半天，一億還不錯！然後就賣了！換句話說，心理上就會發現自己原來還是有價錢的；凡是有價錢的，就沒有真正的價值。也就是說，有價錢的東西，都是可以買、可以賣的。然而，人格是無價的，你什麼時候能夠肯定說：「我這個人是無價的。」當你面對這種心理上的挑戰與考驗的時候，不必擔心，每一個人都會遇上的，遲早的問題而已。但是掌握這個機會很重要，有些人不斷受到考驗，機會很多，也常常忘記，忘到最後覺得這一生糊里糊塗就過去了。這是很可惜的事情。

第三步，精神上的界限狀況。一個人的精神狀態基本上是建構在一種對自己的肯定、期許，以及他本身的道德實踐裡面，構成一個完整的精神世界。

我們舉個例子。小時候，我們都相信「善有善報，惡有惡報」，所以我們行善避惡，由此建構精神世界的大原則。但是長大以後我們發現，善，哪裡有善報呢？惡，哪裡有惡報呢？不一定的。不是說一定沒有，而是說不一定的，這種報應是很難講的。並且報應的比例，也往往不相稱，這時候你就懷疑「那麼，為什麼要行善避惡呢？」這時候你的精神世界發生了地震，你必須重新給它一個基礎。

有些人在這個時候，尋找宗教信仰。假如你信佛教的話，它告訴你：「不是不報、時候未到。」你接受之後，繼續行善避惡；不接受的話，就繼續尋找。你要是信基督宗教的話，他就告訴你將來死了以後有審判，各人替自己負責，沒有人可以逃避。這種最後審判也可以自圓其說。要是你不信宗教的話，還有儒家也不錯。儒家怎麼說呢？他說我們儒家講道德不談報應，所以你不要想報應的問題。你覺得該做的，你就去做。這是儒家，聽起來很好、很美，但是很難做到，因為人活在世界上，工作與報酬這種報應的觀念，以及當你對別人好，就會希望別人對你也好；這些是十分自然的想法。

你如何想像一個人只為自己安心就做，而不為任何報應？極少數智慧及修行很高的人可以這樣做。但大多數人，你對他說，不要圖報應而只問自己該不該做：他根本搞不清楚什麼是該不該做。所以這種儒家思想，要靠慢慢潛移默化。

事實上，儒家的思想，不是只有這一面，還有另外一面，是從傳統來的，叫做「積善之家，必有餘慶；積不善之家，必有餘殃。」以「家」做為單位，就是把所謂的善惡報應放在家，從祖先一直到子孫這整個脈絡裡面去考慮。這也是一種答案，也蠻好的。這些說明人的精神世界會碰到限制，碰到限制時你就要會為自己找到一個新的基礎，這是我們認識自己的重要機緣。錯過這些機緣的話，關起門來吹冷氣，然後說我要認識自己，那是很不容易成功的，而在遇到這種界限的時候，天地萬物可以全部失去意義，你所有的一切也可能都在動搖之中，你面對的就是自己一個人，你依然必須問自己：「我是誰？」

自由想像的方法

沒有弄清楚自己是誰的話，怎麼去安排人生？又要往哪裡走呢？所以，接著我們要具體提出一個方法，叫做「自由想像法」。

自由想像法就是，把你所有的一切，列一張表下來，然後從這裡面去問，你所「是」的是什麼？也就是說，我「有」一項到十六項特色，然後我「是」哪一樣？「我有的」與「我是的」，怎樣結合在一起？要問的問題就是：「如果把這項條件拿掉，我還是我嗎？」就是要不斷地問：「我還是我嗎？」

最後你會發現，有一兩個，甚至兩三個條件是絕不能去掉的，若是去掉的話，你就不是你了，你就變成別人了。換句話說，真的要認識自己的時候，可以用「自由想像法」，以下稍加說明。

現在大致上把一個人所有的一切，分成四欄十六項，第一欄裡面有四項：「年輕、美貌、聰明、健康」。當然我並不是說所有的人都是年輕的，而是對年輕朋友來說，他可以以這個來做個考慮，對年紀比較長一點的他可以考慮年紀，就是第一項；美貌可以代表我外在的具體條件，連親和力都在內。我現在舉的例子是專門對年輕人來說的。第一欄上，年輕、美貌、健康，以及聰明。

在此，聰明值得我們注意。美國密西根大學有一位教授巴斯，他花了五年的時間，安排五十位研究人員調查全世界三十三國的男女，對於自己伴侶所要求的條件。結論有兩點是全世界都一樣的。第一，所有的男性都喜歡他的配偶比較年輕，比較有吸引力；而所有的女性都喜歡她的男伴，比較成熟，就是稍微年長，比較有經濟力。這是全世界都一樣的，當然這是指一般人，因為這種調查，越是全世界都一樣的話，代表標準越低，這是任何調查共同的特色。因為取它的公分母，取它的共同基數，一定是最低的。

重要的是後面一項，就是所有的人不管男孩、女孩，都認為他的伴侶有三個條件很重要：第一是溫柔，第二是體貼，第三是聰明。但是溫柔與體貼，坦白說根本是相對的。有些人對張三很溫柔，對李四卻不溫柔，這種事情是有的。體貼也是一樣，對你體貼的，對他完全不體貼。所以這種相對的條件，根本沒有標準可言。而聰明比較有點標準。

我想到一件事可以說明。我在耶魯念書的時候，因為研究哲學，所以同學常喜歡找我談一些人生問題。當時有一位台大電機系畢業的，在美國耶魯大學即將念到博士的同學，他要回台灣相親，相親回到美國後，就找我問說：他碰到三個女孩子，各有一個特色：第一個漂亮，第二個能幹，第三個聰明。他問我該選哪一個？我因為沒有看到那三個女孩子各自具體的情況，所以我只就「漂亮、聰明、能幹」來說，根本不需考慮，就是選擇聰明的。結果「言者諄諄，聽者藐藐」；孔子說對了，「吾未見好德如好色者也。」這個同學回台灣之後，娶了漂亮的。當然我所謂的漂亮、聰明、能幹，不是完全相互排斥的。並不是漂亮的就不聰明、不能幹；我所謂的聰明也不是說，她就不漂亮、不能幹，不是相互排斥的，而是說這是她主要的特色。

他選擇漂亮的，當然大家都祝福他們。結果，他們新婚夫妻到了耶魯大學之後，我在校園裡面曾看到他們走路時，大馬路上兩個人走兩邊，本來兩個人走同一邊是很自然的事情，結果他們夫妻兩個走馬路的兩邊，臉上都不高興的樣子。我們是過來人，一看就知道怎麼回事，這就是她不夠聰明的地方。

為什麼聰明重要呢？以女孩子來說，一個聰明的女孩子，知道如何使自己變得漂亮，她也知道如何使自己變得能幹。我們見過很多女孩子結婚以前什麼都不會，結婚之後什麼都會做了，開車、燒飯、插花都會，這是能幹的表現。很多女孩子本來長得平凡，但是後來使自己變得漂亮，因為現在化妝術很高明，所以漂亮與能幹是可以靠後天的聰明來達成的。但是聰明是沒有辦法學到的。誰能說自己因為很能幹，所以變得很聰明？

聰明是一種天生的品質，這種品質經過後天可以有些磨練，使它增強，譬如說聰明可以表現為對某一些事物的敏感度，這敏感度是可以訓練的，使你逐漸對某些特質、某些人物、某些想法敏感。這種敏感表現出來之後，使你的反應速度增強。這是我們提到的第一欄：「年輕、美貌、聰明、健康」，這四項條件。

第二欄：「家世、教育、專長、職業」，也是你所有的。我有什麼家世，我有什麼家庭背景，有什麼教育水準，有什麼專長，有什麼職業？這是第二欄所談的。

第三欄：你所有的是什麼？是你的「財富、名聲、地位、權力」。第三欄比較適用於中間一輩，在社會上奮鬥一段時間之後，你會發現自己有某種財富、名聲、地位、權力。

第四欄是「朋友、社團、志趣、信仰」。把這四欄列在一起，然後寫得具體一點。這十六項，是一般性的指標，你自己要具體寫出內容。信仰就要寫你信仰什麼？社團就說你參加什麼社團、什麼俱樂部等；教育，你受過什麼樣的教育？職業，你有什麼樣的職業？然後你可以開始問，把年輕、年紀去掉，我還是我嗎？當然是，因為人會老。所以年輕絕對不是你的憑藉；把外貌或是美麗去掉，你還是你嗎？絕對是你，因為人不能永遠美麗。然後健康也是一樣，你不會永遠都很健康。聰明呢？是不是比較重要一點？

第二欄，家庭背景是靠不住的，也許在你小學、中學時有點幫助，大學之後很少人去看你的家庭背景如何了。所以教育、專長與職業哪一個比較重要？職業可以改變，教育是比較重要的。

第三欄裡面，你可以問自己現在的財富、名聲、地位、權力如何。權力是靠不住的，譬如每隔幾年就要選舉，選舉之後就有另外一批新的政治人物出來了，再過幾年之後，再換另一班人，所以權力是靠不住。地位呢？比較穩定一點。名聲也靠不住，因為群眾隨時都需要聽到新的人名，所以名聲是會起落的。財富也靠不住，不過對現代人來說，財富變成比較可靠的東西。一個人有了錢之後，就比較放心了。這是很多人的想法，倒也無可厚非。

第四欄裡面呢？「朋友、社團、志趣與信仰」，這四項都非常重要。相形之下，這一欄是特別值得注意的。朋友為什麼重要？一個人不能沒有朋友，不能沒有真正的好朋友。當你得意的時候，可以說一帆風順，不需要靠別人；但是不要忘記，沒有人是永遠得意的。你習慣得意之後，得意也會變成失意，這是一種很奇怪的現象。因為你沒有更得意。而這種得意是在與別人相比的時候，又算什麼？你很得意了，但是比起某某人來，還是不行的。所以你還是需要朋友，朋友就是在你得意時，他不一定跟你分享，但在你失意的時候，他一定跟你分擔。並且，朋友是一面鏡子，可以反觀出來自己是什麼樣的人，所謂的「物以類聚」就是這意思。你說你的朋友都是酒肉朋友，而你是很講道義的人，別人是不會相信的；朋友是互相的，他跟我都是互相的，像鏡子一樣互相照見對方。孔子喜歡講「友直、友諒、友多聞」，就是很好的見解。至於社團，最明顯的，就是你參加的教會，或是某一個寺廟，或是某一個俱樂部，甚至包括扶輪社、獅子會與青商會，都是社團。社團本身有什麼樣的宗旨，是很重要的。社團若只是有錢就可以參加，那就不重要，沒什麼意義。如果像宗教方面的社團，宗旨就非常明確，你在那裡可以發現自己對生命的基本態度。然後你的志趣，就是你的終身目標。你這一生要完成什麼理想？最後，信仰是你對於整個生命、宇宙、人生、超越界的一種認定。

把這些都列出來以後，接著就要問：「去掉這一項，我還是我嗎？」你可以去掉很多，到了最後你會發現：有一兩項是你不能去掉的，那麼你就要從這一兩項去認識自己，那就是你的王牌。

舉例來說，許多年輕朋友在開始認識的時候，因為校園環境不錯，或是舞會裡面氣氛不錯，大家發現彼此都是俊男美女、郎才女貌，相處非常愉快。心想這樣一起生活一輩子是多麼快樂，結婚幾年之後才發現，「原來你是這樣的人」、「原來這才是你的真面目」、「我到現在才認識了你」，這些話通通出來了。

這些話其實可以避免，就是你在開始的時候先認識自己，認清自己有一張王牌，譬如你認為人生的最高目標是財富，這並沒有什麼錯。孔子也希望發財，只不過途徑要對，所以你認識一個女孩子的時候，不要害羞跟她說「我這一生的目標是賺錢」，說不定她正好也是以賺錢為目標。這樣你們兩人志同道合，可以一起在社會上奮鬥，我們也贊成這樣的情況。最怕的是兩個人志趣不一樣，可能造成災難。男孩子明明是以賺錢為目的，卻要說「我的理想是服務人群」。女孩子一聽這理想很偉大，跟她的想法一樣，結果相處的時候格格不入。因為價值觀的重點不一樣，就很難長期生活在一起。

兩個人如果王牌是一樣的，或者非常接近的話，他們面對任何考驗都不在乎。我自己就見過這樣的情形，就是我的父母。他們都信了同樣的宗教，所以在一起生活幾十年，我們做子女的看到了，沒有話講。我特別提起他們，並不只是因為他們是我父母，而是因為我母親在五十歲時中風半身不遂，我父親就提前退休，照顧我母親。照顧了十幾年，照顧得之好之妥善，連最有經驗的護士都自嘆不如。半身不遂的人是不能行動的，只能看電視跟打麻將，我父親就這樣照顧她。我們小孩從來沒有聽過父親抱怨，偶爾還聽到母親抱怨，因為母親在生病。為什麼？父親信天主教，每天早上去望彌撒，他覺得這樣的生活可以接受，沒有問題，誰不會生病呢？你生病了我來照顧你，沒有不對，為什麼會這樣？因為他們有一樣的信仰。如果兩個人信仰不一樣的話，就很難相處得那麼好。我們看到這一點，就可以說信仰很重要。

我也提到家世，包括家庭傳統，這也是一種。所以把這些資料都掌握以後，問自己：「去掉這一項，我還是我嗎？」最後你就會發現「不行！去掉這一項，我就不是我了。」因此這一項就是我的本質所在，也就是我的王牌。

掌握一張王牌

王牌有什麼有用處呢？以下是我進一步要談的。我們活在世上會碰到下列三種情況：第一、發生了一件事，出現了一個問題，我要怎麼解決呢？這是我們每天都會碰到的，每天都會有新的事情發生，新的問題出現，我碰到的時候，要怎麼解決呢？這時候你需要王牌，這時候你想到說：「發生這事情，我要找一個朋友。」你可以發生許多不一樣的事情、不一樣的問題，你要怎麼樣解決，這時候你需要某一種特定的能力、特定的人來幫你解決問題。在解決問題的時候你就會想到，只要那個朋友在，我就不擔心了，我就不必厭煩、不必憂懼、不必焦慮了，什麼問題都沒有了。我們經常會有這種感覺。如果看過《教父》這部電影的話，就會發覺，任何問題出現了，只要你找到教父，他拍拍你的肩膀，摸摸你的脖子就沒事了。什麼事情都由他解決，那個人就是你的王牌之一。

所以，如果是一件事情、一個問題出現的時候，你需要好的朋友、老師、同伴或是父母。他們可以讓你依靠，做為你背後的支撐。但是那麼容易就有這些朋友嗎？那麼容易別人就會幫助你嗎？如果只是跟別人要東西的話，誰願意一直幫助你呢？所以，在這時候你就要注意到，我能給別人什麼，以及別人能給我什麼，是相互的。平常不燒香，臨時抱佛腳，是沒有用的。所以在第一點上，在事情出現的時候，就要有這種準備，你在人生中會碰到許多困難，你需要許多人支持你，這些人是你的王牌。但你平常要怎樣做呢？有三點要注意，第一、要結緣，第二、要惜緣，第三、要隨緣。

結緣，譬如我來這裡演講，我自己認為就是結緣。可以認識很多新朋友，這些人至少知道我的基本觀念是什麼，這是結緣。結緣是一種機會，有時候很難勉強製造，碰到了就要高高興興；這是結緣，就是所謂的善緣。人生能在一起真是有緣啊，能在人類歷史上、在這個時代、在這個地方見面，那是很大的緣分。

第二要惜緣，惜緣就是所謂的惺惺相惜，要珍惜這種緣分，珍惜的過程裡面，往往為了這份緣而自己有些犧牲，跟別人互相之間都會做些妥協，這是必然出現的情況，不能自我中心，如果完全看我的，那還惜什麼緣呢？

第三是隨緣，就是不要勉強別人，別人可以幫忙就幫忙，不能幫忙也不要勉強。恐怕是自己本身的努力還不夠，都靠別人幫忙，你也不會奮鬥了。

所以這是在現實世界裡面，碰到具體的問題與事情出現的時候，我們需要王牌，而這張王牌可以透過上述三個途徑去培養。

第二個情況比較複雜，我們碰到的不是一件事情，而是一個人的問題，這個人是一個主體，不是一個問題，跟你我一樣。這個主體為什麼比較困難呢？因為我們平常會忽略別人的主體性。把他當做個「它」，英文叫「it」。把別人當做它，當做東西，像一張桌子、一張椅子、一個工具那樣。這時候我們會發現，對付事情很容易，對付「人」很難。「處人很難，處事容易」。處人的時候怎麼辦呢？我們跟很多人相處，出現人的問題的時候，就會發現，這時候我們真正的王牌是什麼？是「誠」，誠懇的誠。你誠懇的話，可以避開許多不必要的困擾，所謂「不誠無物」，不誠的話，就完全是虛偽的。真正誠懇的話，所謂「精誠所至，金石為開」，所以誠是我們做為一個人，跟別人來往的基本條件。因為別人是個主體，我也是個主體，我們之間以誠相待的時候，所有的問題都會減到最低，這是第二張王牌，所謂的誠。

第三個更難了，就是針對自我的時候，我應該怎樣生活，因為自我是一個奧祕。我們說過，事情是個「問題」，他人、別人是個「主體」，而自我是個「奧祕」，這個奧祕我怎樣跟它一起生活？

這個時候，我只能告訴自己求其心安，然後要不斷奮鬥。因為生命的本質是很奇妙的，我們如果安於現實的話，不必等別人來批評，我們就會責怪自己，認為自己怎麼搞的，不太長進。但是這種長進，不要只放在社會的脈絡裡面，如「要賺多少錢，或是要做多大的官」才是長進，不是的。那是一種反省自己是不是每天在進步。記得我在耶魯念書時，余英時先生告訴我一句話，他說他再怎麼忙，每天都要念一點書，學一點新東西。所以他做為當代史學界的權威，不是僥倖的事情。每天要學一點以前不知道的，這話聽起來好像很簡單，事實上很不容易。做到這是對自己的要求。

我與自己相處，告訴自己要不斷奮鬥、不斷上進、不斷開展，然後我才能心安。人心的安，不是安在一個靜態的結構上面，而是安在一個動態的過程裡面，這是很關鍵的一點。這就是面對自己的時候，要常問：「我碰到問題，碰到任何情況，憑什麼解決？」

我們經常要問自己「憑什麼？」遇上了困難，碰到了考驗，我憑什麼度過？憑藉的是：我的朋友、我的同學、我的老師、我的親戚、我的家人。我跟別人來往的時候，憑藉的是什麼？我內心的誠意、對人的誠懇。自己出了問題的時候，我憑藉的是什麼？憑藉的是：我對自己的了解，知道我這一生所要完成的是什麼。因為我前面已經透過自由想像法，知道自己的王牌是什麼。這張王牌在必要的時候、關鍵的時刻，就要打出來，等於就是要表態。平常活在世間是不需要表態的，表態是很痛苦的事，因為讓別人知道我的底牌，而我不知道別人的底牌。所以有時候，我不太願意回答學生的問題：「老師，你這一生最高的目標是什麼？」這很難說得清楚，需要很長的時間才能解釋明白，並且一下子把目標赤裸裸地說出來，也只是個理想，離現實有一段距離。別人聽起來好像很高尚，好像很偉大，但跟眼前這人不像，所以有時會出現尷尬。

以上是我們問到「我是誰？」這個問題時，我特別強調的。在界限狀況的壓力下，使用自由想像法，掌握到自己這張王牌到底是什麼？而王牌的使用根據幾個方式來選擇，你所要出的王牌是哪一張？最後，我們要問「我要去哪裡？」我一旦知道「我在哪裡？」「我是誰？」接著就要問「我要去哪裡？」

我要去哪裡？

我要去哪裡？就是現在這一剎那以及以後的每一時每一刻，我要往哪裡走。在肯定人生的方向與目標時，我必須回答這個問題。這時我想到三句話：第一，「了解一切就是寬容一切」，這句法國的格言。這句話是針對過去的一切事情來說的；第二句話是「接受命運就是超越命運」，這是針對現在；第三句話是針對未來，「誰的未來是夢呢？」

了解一切即寬容一切

第一句話是：「了解一切即寬容一切。」我們透過理性，去了解過去發生的一切，也就是說對於發生什麼事以及如何發生的，都要有個交代。我們活在今天，活在這個世界上，第一步就是要弄清楚人類以及中國人，是怎樣走到這一步的？這當然不是在做學術研究，不是要非常完整透徹，而是要有個基本的線索，讓我知道過去的一切是怎麼發生的，然後我才能適當了解現在所有的一切，所以，這第一點是很重要的。

這一點也可以用在實際的生活方面，譬如我們平常會答應許多事情，譬如我在半年前就答應基金會做這四場演講，從那時開始我心裡就一直有壓力，睡覺也睡得不太安穩。雖然還有半年，但是常想到這件事。雖然我上課很有經驗，但是想到這件事，就會覺得它跟上課不一樣。上課有時候可以舉些例子，學生也不大挑剔，因為他們還要考試，到這裡來情況就完全不一樣了。然後到了今天是第四次來演講，前面三次我每一次來的時候跟今天一樣，都是坐計程車來，而這時候很難叫到車，所以我從出門開始就擔心：是不是叫得到車子？會不會準時到？到今天出門時，忽然心情開朗，恍然大悟。為什麼？我心裡想到，既然焦慮是一定有的，你為什麼不能跟焦慮一起生活呢？把焦慮當做你生活的一部分，這樣焦慮就不再成為一種壓力了。所以我今天到這兒來，心情非常愉快，原因就在這裡。因為我了解一切，就會寬容一切。台北市的交通本來就是這樣，你要到任何地方去，早點出門吧！你不要說我按計畫出門，結果遲到了半小時，這不是理由。了解一切就會寬容一切，然後自己就不要在一種不可避免的、不可改善的困境裡掙扎，不要做無謂的掙扎。生命是寶貴的，時間是有限的，你設法用理性了解一切，然後接受一些既成的事實。有了這樣的心態，就會覺悟厭煩與焦慮本來就有，「好！我跟它一起生活，它就不能威脅我了。」

接受命運與超越命運

談到「命運」這個觀念，我要強調，談得最好的是希臘時代一位哲學家赫拉克利特，他說過：「人的性格就是他的命運。」我經常給台大畢業生題字的時候，寫這句話，但是還有下半句；下半句是我個人的心得：「人的性格就是他的命運；因此你要改變你的命運，就要改變你的性格。」後面這半句是我推衍出來的。換句話說，性格就是命運，因此要改變命運就要改變性格。改變性格是可能的，性格包括性向與風格。性向是天生的，風格是後天培養的，譬如，教育就是風格的培養，也即是培養風格。所以人在教育的過程裡面，會慢慢改變風格。然後性向、風格合起來，構成一個人的性格。所以人活在世界上接受命運，即是超越命運，要從這意義上去了解，而不是純粹被動地接受命運。那麼怎麼超越呢？因為我是人，可以透過了解性格而超越自己的命運。事實上，我們也發現，大多數命運都來自性格。很多人覺得自己的命不好，事實上是他的性格不好，所以造成一種比較壞的命運。而有些人說自己的命運比較好，但是不要忽略那其實是性格好，他可以把一個非常苦難的情況，變成非常快樂。像顏淵就是一個例子。孔子講得非常清楚：「一簞食，一瓢飲，在陋巷，人不堪其憂。」別人都覺得憂愁得不得了，活都活不下去了，但「回也不改其樂」，實在是了不起，他照樣很快樂，好像我們要上館子吃飽喝足才會快樂，但顏淵吃那一簞食，一瓢飲，他照樣跟別人從大館子出來一樣快樂。這是孔子學生裡面最令人佩服的一位。

另外一位也值得我們尊重的就是子路。有一句話我特別佩服，孔子說子路：「衣敝縕袍與衣狐貉者立，而不恥者，其由也歟？」穿著破破爛爛的衣服，跟著那些穿著漂亮皮草的人站在一起，絲毫不覺得慚愧的，就是子路。

每一個人都需要穿衣服，都需要吃飯，如何從外表來判斷一個人所憑藉的條件？孔子兩個學生有這樣的表現，讓我們讀《論語》的時候實在佩服。所以我們可以透過改變性格而使整個命運也得到改變，由此超越命運的限制。

誰的未來是夢呢

最後我們要問：「誰的未來是夢呢？」這是對未來的一種看法，對於未來我們有個比喻：我們每一個人就像在岸邊等著自己的船回來一樣，充滿期待。每天看著大海，希望自己那艘船回來，但是你必須先把船開出去，船才會回來啊。很多人一輩子船都沒有開出去，然後在那邊等船回來，那是不可能的。船出去再回來，代表什麼？代表你的理想出去了，再回到你的現實世界來。它帶給你什麼？一個人不要怕把自己的理想提出來，然後向著它去奮鬥，但是你一定要努力出發，勇敢地超越自己既定的一切。

一個人在世界上，對自己未來的設計，也要有類似的態度。先不要限制自己，先不要找理由做藉口，先把自己的潛力盡量發揮出來。我曾出版一本書，書名就是《走向成功人生》，裡面有一系列是寫我小時候怎麼念小學的，裡面有一點我特別願意提出來，你們很難想像一個人從小學三年級開始，從八歲到十七歲，有九年之久，在教室裡面上課的時候，因為口吃而一個字也講不出來，那個人就是我。一個可以口吃那麼多年，一個字也講不出來的人，同學、老師經常在嘲笑我，而今天可以做這樣的演講，這是我非常樂意告訴大家的。

所以一個人的過去恐怕是很崎嶇的，恐怕不是很愉快的，但是現在卻可使過去的一些痛苦變成快樂。同樣的，今天承受的各種考驗，在未來你成功的時候，也可以成為一種樂趣。

總之，人生是一個奮鬥的過程，不要怕考驗，不要怕挑戰，你只要掌握住自己的王牌，就可以面對這一生的各種情況。我對於人性的潛力與發展始終是樂觀的。

對話

【問】聰明與智慧有何關係？其次，做人處事，待人接物，是人生的學習目標，您能不能給我們一個明確的遵循方向？

【答】首先，聰明與智慧有何關係？聰明是一個人與生俱來的反應能力，這種反應能力特別針對人世間各種不同的情況而表現出來。有些人對機械比較敏感，表示他在這一方面有些聰明；有些人對於人文或藝術非常敏感，表示他在這一方面有些聰明。所以聰明是指一個人的素質，這種素質使他對於外界的某些情況有敏銳的反應能力。但是這種聰明要想變成智慧，當然還有一段距離，智慧與聰明可以說是兩回事。智慧並不是為了應付外在的東西。智慧是指一個主體，對於外在事物也好、內心事物也好，就其根本真相所生的一種自覺。所以，智慧是一種覺悟的能力，聰明是一種應付的能力。這兩者要分開，一個人聰明，比較容易覺悟，這是可能的。但是很不聰明、很笨的人呢？由於他缺少應付外在事物的能力，有時反而容易頓悟。所以有些老師在傳道的時候，喜歡傳給比較笨的學生，原因就在這裡。這樣的學生心思單純，沒有很多花樣，容易把道保存下來。而那些聰明的學生，往往就玩自己的花樣去了。

至於「待人接物」方面，我很欣賞耶穌的一句話：「你們要像鴿子一樣純潔，像蛇一樣機警。」這句話很好，待人接物「要像鴿子一樣純潔」，表示誠懇忠厚，不要先設想別人有壞心，總在盤算要如何對付別人或如何防備別人。但是，同時「要像蛇一樣機警」，避免上當。即使上了一次當，也不要上第二次。美國有一句俗話，大意是說：第一次受騙，是別人壞；第二次受騙，就是自己笨了。因此，在待人接物時，一方面要謙虛誠懇，另一方面要仔細觀察。這是要用心學習的。

【問】請問傅老師，您是用什麼方法來改掉您「口吃」的毛病的？

【答】我在恆毅中學念高二的時候，有一位老師看到《中央日報》廣告欄有一個「口吃矯正班」的招生廣告，就鼓勵我去報名參加，我還記得矯正班的老師是何西哲先生。何先生因為自己以前口吃很嚴重，就到日本去矯正，學會了之後，買了一台講話發聲機，可以測量講話時呼吸的速度，回台灣來開班授徒。我報名之後，就每隔一天晚上，連續兩個月去上課。跟我同班上課的大概有六、七位同學，都是非常嚴重的口吃患者。兩個月之後就結業了。結業典禮是在台北的新公園舉行的。在一個涼亭上掛了一張布條，寫著「口吃矯正班第幾期結業典禮」。所謂結業典禮，就是讓每一個人上台去講五分鐘話。我上台時說：「我叫傅某某，今年幾歲，在什麼中學念書。我現在口吃已經矯正過了，非常高興。」這麼幾句話，就是我這一生做過的第一次演講。

至於矯正的具體方法，我想主要是針對發聲的習慣，要設法調節呼吸，發出適當而緩慢的聲音。事實上，每一個口吃的人，都一定有兩三個音是發不出來的，碰到那幾個音的時候，就無法順利說出話來。因此，要避開那幾個音。譬如，諸位有沒有注意到我盡量避免使用「各位先生」的「各」字，而經常使用「諸位先生」的「諸」字。為什麼？因為「諸」這個字對我來說比較容易發出音來，而「各」就比較麻煩了。我喜歡用「ㄙ」開頭的字，不喜歡用「ㄅ」開頭的字，因為「ㄅ」開頭的字容易使聲音岔到，一時之間就發不出來了。當然這些小小的祕密，不說的話別人也不會注意到。不過，口吃有一個好處，就是口吃的人講話時，會使別人覺得特別誠懇！

【問】照您所說的「王牌」是隨著時空不同而有不同，那麼如果年輕的時候擁有的王牌是財富，年老的時候擁有的王牌是信仰，您有何看法？同時，請教傅老師，您的最後一張王牌是什麼？

【答】我所謂的「王牌不同」，並不是你說的意思，請不要誤會。王牌不會不同，王牌只有認錯或認對。年輕的時候追求財富，年老的時候轉而追求信仰；這表示年輕的時候可能認錯了，把精力放在財富上，走錯了路。到了晚年追求信仰的時候，可能已經錯過這一生很多正確的途徑了。所以我認為，王牌只有一張，這一張可以有各種組合，但是必須有一個重點，這是非要清楚掌握不可的。我在演講中，談到考慮三種對象或情況，譬如對事情、對別人、對自己。那是根據對象的不同，來使用王牌的技巧問題，而不是說你可以有幾張不同的王牌。

就我自己的王牌而言，坦白說還是信仰。譬如你可以問，活在世界上的人，最後一定都會死，那麼死了以後去哪裡？這一類問題就與信仰有關。若是對這個問題沒有清楚的了解或堅定的信念，請問你憑什麼活得那麼自在，那麼愉快？既然最後一定會死，而死了之後去哪裡都不知道的話，你活著不是很危險，很冒險嗎？所以王牌與信仰有關。但是我不會說，只有我這種信仰是真的。原因是，信仰需要機緣、需要開顯，它的象徵、它的符號必須能夠跟你產生感應。那麼，這種信仰包括什麼內容？並非只是上帝存在，還包括：上帝如何存在，我跟上帝有什麼關係，以及我怎麼在這個關係上完成我這一生的目標。我只大略描述自己的終極關懷，以及自己的最後一張王牌的建構情形。如果你一定要問我最後一張王牌是什麼，坦白說，我有一些組合，譬如我對中國文化的關心，我對人類處境能否真正得到改善的掛念。為什麼我要努力從事學術研究，原因即在於此。由於這樣的一種關懷，我就選擇以學術研究做為我生命的重心，而希望將來能夠對時代有更深刻的貢獻。

【問】人生看得太明白，不就一目了然了嗎？

【答】的確，人生看得明白是可以一目了然，但是不要忘記，在演講開頭我第一句話就說：「人生是一場牌局。」當你打牌的時候，怎麼知道別人的牌是什麼？打牌的有趣就在這裡。我可以一目了然自己的牌是什麼，但是我不知道別人的是什麼。人生的牌局還不只是四個人玩的，它是六、七十億人在玩的牌啊！這種組合與勝負的可能性是無限的，那麼你怎麼可以說人生是一目了然呢？你只能掌握好自己的牌，盤算自己如何出牌，如何保存實力，什麼時候揮出最後的一擊．認清什麼是你生命中最大的考驗。

【問】您上次演講提到對孝順的頓悟，請問孝順的重要性，以及一般常說的「孝容易順難」，「順是愚順」，不知您的看法如何？

【答】我上次說過，孝順是我這幾年研究儒家時，所感受到的深切的需要。承認自己是讀了儒家之後，才懂得實踐孝順的。孝比較容易，順比較難，其實這兩者是不能分開的，並且「孝」裡面還須包含「敬」在內。孔子說過：「不敬，何以別乎？」尊敬的「敬」字很重要。

說到「愚順」，並不是指很笨，所以父母怎麼說，我都順從他們的話。父母可能是小學畢業，而子女是博士，那麼子女順父母的話，不是顯得博士的知識沒有用嗎？完全不是這個意思。順是就意志而論，父母有這樣的意志，這樣的念頭，子女的意志與念頭不一樣，卻還是照著父母的意思去做，因為重要的不是事情做不做得成，而是大家開不開心。古時候有個老萊子，自己已經七、八十歲了，還要戲彩娛親。父母九十多歲了，他就把自己打扮成小孩子一樣。因為在父母眼中，子女永遠是小孩子。我們有時候覺得自己好像大人物一樣，很神氣地回家去，父母一看到你，就覺得你還是很小。所以，順是發乎自然的。往往我們會說：「好吧！既然父母堅持就這樣做。」因為所要成就的不是一件事情，而是要滿全你們之間的關係。

【問】怎麼樣才能夠擁有正確而且客觀的自我概念？其次，財富與地位是肯定一個人的實際的東西嗎？

【答】先說財富與地位，這比較容易回答。財富與地位不是一個人肯定自己的真正的東西，因為它們受制於太多外在的條件。其次，怎麼樣才會有一個比較客觀的自我認識？這一點值得特別注意，就是天下沒有客觀的自我認識。所謂客觀，是說大家看你是什麼，由大家來表決吧！自我認識一定是主觀的，因此你不要期待客觀性。重要的是，自我是活的、有生命的，當我說我是如此如此的時候，我已經在變化了；當一個人說「我就是這個樣子」，他並不是在自我肯定，反之，他的那個自我發不出力量。所以在談到人的觀念的時候，我一再強調儒家的立場，就是肯定人性是開放的，人性是一個趨向，是一個動力，是一個有能力的東西。亦即，自我不是靜止的，而是活潑的，因此你不要希望有什麼客觀的自我認識，你只要真誠面對自己，按照本文所說的方式去思考，就會發現自己主觀裡面所知道的自我是什麼？那才重要。別人說你是誰，這個不重要。你自己說「你是誰」的時候，裡面往往包含一些期許，是你還沒有達成的。但是請不要忘記。離開我們所有的理想與願望，我們還剩下什麼？我們往往就靠我們的理想與願望來界定自己，而自己本身的活潑生命與存在意義，就定位在向著理想與願望奮鬥的過程上。這是特別要注意的關鍵思想。

【問】當您二十歲的時候，你對掌握這一生的看法如何，能否給二十歲的我們一些生命上的建議？

【答】二十歲前後，我還在輔仁大學念書。當時，我喜歡音樂，就組織合唱團，那個時候沒有想到那麼多複雜的問題。為什麼呢？我在《人生問卷》裡面提到幾次，自認十分幸運，生在一個宗教家庭裡面，以至於我從小就相信：人死之後，將會接受審判，或上天堂或下獄。所以對我來說，人生的根本問題可以暫時擺在一邊。於是，我可以在這個世界上，按照自己所知道最好的方式去生活。我在念大學的時候，組織合唱團，不只是為了娛樂。我們到泰山的麻瘋病院，新莊的盲人會，還有耕莘醫院、孤兒院這些地方。合唱團到這些地方為他們唱歌，並不是我們有偉大的情操，那個時候想不到那麼多複雜的問題，只是覺得「獨樂樂，不如眾樂樂」，有些人在星期天的時候，沒有人理會他們，我們這些同學就去唱唱歌吧！我們也等於是在郊遊。唱歌總希望有人聽，所以我們就找那些願意聽的人來聽，大家「各取所需」。就在這過程裡面慢慢覺得踏實，覺得不錯，體認了人活在世界上不能只求個人的享樂，還應該在自己有能力的時候，對別人表示關懷。這並不是為了關懷而關懷，只是覺得有一種自然的傾向。年輕的心靈最可貴的地方就在這裡，順著你良心的召喚去走，不會錯的。因為年輕的心靈還沒有受到什麼污染，你可以順著內心的要求去做，一群年輕人在一起，做出來的事情往往是美好的。

【問】如果主管對你有成見，要如何化解？

【答】主管對我有成見，當然先要反省自己，看看自己有沒有錯。因為是主管在決定一個機關或團體的重要決策，他要負責任的，所以基本上我要配合他的決策來完成任務。其次，他對我有成見，是對我的能力有成見？還是對我的人格有成見？這要分清楚。對能力有成見的話，我可以靠做事來證明；對人格有成見的話，就比較困難，需要多一點時間。但是基本上，自己問心無愧的話，就不需要在乎這個問題。我自己很幸運，以這麼急躁的脾氣，因為在台大教書才勉強可以安身。從另一方面看，我一向是據理力爭的，我要求的原則，第一是仁愛，第二是正義。而中國社會比較缺少正義，所以對於這一點我一向非常堅持，我在台大的同事大都知道我的脾氣。當然，我常會反省自己是不是錯了，這一點很重要。我自己蒙受哲學的好處就在這裡。當我堅持一個理想、一個原則的時候，常常反省是不是我錯了。肯這樣想的話，就代表你的原則會顧到別人所考慮的層面，然後可以不斷地修正，不斷地提升。

【問】在現實複雜的社會裡，純良的人性點點滴滴受到泯滅污染，如何去保有生命的原點？

【答】在現實社會裡面，的確，純潔的人性會受到挑戰、受到考驗、受到污染，這些時候，一個人是孤單的，是孤立的，所以你要選擇自己所需要的群體或社團。不要怕與志同道合的人團結在一起，並且以你們當初共同的理想做為期許。這個問題沒有明確的答案，我只能説，有的時候要靠緣，即使沒有緣，要自己去「造緣」。你看到什麼地方有好的朋友或同學，你就主動跟他在一起。看看哪一個人的思想與行為，是讓你覺得心悦誠服，願意去向他學習的，你就設法同他在一起，給自己創造一個更好的心靈環境。你不能決定物質世界的條件，但是你可以決定自己心靈世界的條件。

【問】人一定要努力地力求上進嗎？人一定要活在擔心落後別人的恐懼之中嗎？

【答】這兩個問題都預設了人必須活在社會中，並且要接受社會的判斷。我卻覺得不要太過慮。因為你所謂的上進，或是與別人相比落後不落後的問題，都是放在一種叫做「成功」或「進步」的標準上來判斷的。這種比較是很傷人的。為什麼要互相比較呢？每一個人的起跑點不一樣，以致社會上的成就不一定公平。有的人家裡環境好，有的人生下來比較聰明，也有的人遇到很多貴人相助。因此，我今天比不上你，不能全部怪我。所以，不必完全以社會的標準來界定，以那個標準來界定的話，坦白説只有八個字，每一個人都是「比上不足、比下有餘」，這樣想來的話，也容易看得開一點。

【問】傅教授，我再請教一個問題：王牌遺失了或換牌時，應如何找回？

【答】王牌會不會遺失呢？有一個情況，譬如你一直堅持這張王牌，最後發現弄錯了。

你以前年輕的時候，也許看過一本書，如《厚黑學》之類，使你選擇一張假的王牌。後來你發現根本行不通，才知道這是一張假的或錯的牌，那麼怎麼辦呢？要勇敢地更換。人生在遭遇界限狀況的時候，才能醒悟。所謂「不曾終夜痛哭者，不足以語人生。」你曾否有過一個晚上痛哭呢？為什麼痛哭？因為你的王牌遺失了，或者王牌弄錯了。哭過之後，接著要做深刻的思考，由此想通生命的奧祕。我們很難抽象地談王牌遺失不遺失的問題，但可以具體地提醒每一個人選擇良師益友，或者選擇好書。我到現在還經常重念一些書，藉以測知內心的感受能力。舉例來說，有一段時間我每隔幾年會重念一遍金庸的小說，有些人覺得奇怪，以為武俠小說是拿來消遣的。事實上不只是消遣。武俠小說所包含的內容非常豐富，我們讀的時候，可以隨著自己的年齡與經驗，而有新的體認。我每隔幾年就以閱讀小說來反省自己內心有沒有離開生命的原點太遠。譬如，我在美國念書的時候，讀到《射鵰英雄傳》，有兩次痛哭流涕；隔三年之後再讀，只剩下一次；又隔了三年再讀，就不哭了。於是我知道自己離開原點愈來愈遠了，愈來愈痲木不仁了。假如我十年之後、二十年之後，讀金庸小說還是可以痛哭兩次的話，就表示我還保存了三十歲左右那種內心的情懷。

【問】沒有別人會有自我嗎？自我是否因為有別人的存在才能顯現？那麼如何肯定自我呢？

【答】自我與別人的關係，當然是互動的。但問題就在於：是什麼在互動，是誰在互動？你為什麼要互動？你如何互動？這些問題還是歸結到自我。你對自己要有了解。別人是非常重要的，從我們的生命在家庭裡面出現開始，對父母、對兄弟姊妹的互動就可以看得出來。自我是充滿活力的，是需要行動、需要抉擇的，行動與抉擇都跟別人有關，所以自我跟別人不能完全分開，這是沒有問題的。但是你不要期望由別人來界定你的自我，或者讓別人來肯定你的自我。

【問】人是上帝創造的嗎？你有宗教信仰嗎？

【答】人是不是上帝造的，這要看我們對上帝的定義。基督宗教把上帝定義為最原始的自存者，祂本身不是被造的，因此所有的存在之物，包括你、我、他，人類、世界，都必須是上帝造的。因為上帝是自有的，所以其他不是自有的萬物，都是由上帝造的，這是定義問題，而不是證明的問題。因此，你應該問什麼是上帝，你對上帝的了解是什麼，問題就解決了。假如你把上帝看成佛教所謂因緣和合而生的萬物之最原始的因緣，也未嘗不可。你也可以把祂看成別的宗教裡面的最高對象，像中國古代的「天」，而「天生烝民」、「天作高山」，都是《詩經》所記載的。所以，你說人是上帝造的嗎？這個問題的答案當然是肯定的。至於我個人的宗教信仰，我從小生長在一個天主教的家庭裡面，對我而言是非常幸運，白白得到這種信仰的恩賜。但是白白得到的東西，往往不知道珍惜，這倒是個難題。

【問】十六張王牌，如果逐一淘汰之後，還有好幾張，請問如何以更有效的方法一一去掌握？

【答】十六張王牌如果有好幾張不能夠去掉，就是說去掉的話我就不是我了，那麼怎麼辦呢？你要把它組合一下。不過要特別記得，三張或四張組合起來時，還是只有一張最根本的。你現在也許覺得好像很容易得到答案，其實不一定。等你真正碰到界限狀況的時候，不論是生理上、心理上或精神上，那個時候你再思考，答案就比較明確了。你現在坐在冷氣房間裡面，神清氣爽，然後算一算，這也不能少、那也不能少。其實坦白說，你試著問問自己，如果現在天崩地裂，你急著要逃難，你帶什麼走？現在如果家裡發生火災，你可以逃出去，但是只能帶一樣東西，你帶什麼？我的答案是相簿。為什麼？所有的家具、各種電化製品，燒掉之後還可再買來，銀行的存摺在銀行還有存底。這些東西雖然充滿記憶但還可以重建。但是相簿如果燒掉的話，就不能再複製了。從日常生活裡面可能碰到的狀況來作一種絕對必要的選擇，你選什麼？在你這一生裡面也是一樣，你選擇什麼？如果規定只能選一樣，那時候你就得認真逼問自己，究竟要選擇哪一張王牌？

【問】當自己的想法與實際狀況有差距時，如何妥協？如何證明自己不是狂妄的，又如何培養企圖心？

【答】像狂妄、企圖心這些名稱，往往是相對於別人的情況來說的。一般而言，「狂妄」這個詞有批評的意思，好像一個人目中無人，自視過高。事實上如果真的很有本事，表現出來稍微誇張一點，別人是不會說他狂妄的；至於企圖心，則是自己對於自己的要求。別人都睡覺了，我還繼續念書，代表我有企圖心，我要繼續工作，這沒有什麼不對。只是記得不要傷害別人，避免給別人太大的壓力。另外，想法與現實有差距，一般是指理想與現實，這兩者之間一定有差距。如果你的想法與現實沒有差距的話，你的生命根本沒有希望，像一潭死水，也不必再為任何目標奮鬥了。正因為你想的與現在的實況有段差距，你才會設法使現實不斷地提升，往理想奮鬥。所以，真正的王牌所展現出來的理想，是永遠達不成的，也就是所謂的終極關懷。它在你這一生都可望而不可即，但是你又有個動機與方向，有個目標可以努力奮鬥。

【問】據我所知，孔子也同意命有限制的存在；也有無奈和妥協的時候，在所謂「懷才不遇」的時候應該認命嗎？

【答】以孔子來說，一方面固然懷才不遇，那是國家的損失；但更重要的是他「知其不可而為之」，這是儒家對命的態度，這一點非常值得佩服。「知其不可」代表我的知識、我的理性告訴我，這件事情已經不可為了，但是我的「內心」告訴我，還是要盡力去做，於是我就盡我的力量。所以我所要成就的不是外在的事功，而是內心對自己的肯定。以這種努力過程來成就自己內心，這才是真正值得的。因為外在的事功受制於外在的條件，譬如正好遇到昏上亂相，或者暴君當道，小人當道，那麼誰也沒有辦法。這個時候只有盡心，求其心安。這是孔子的基本態度。

【問】最後一張王牌，最後一個問題，自己的王牌難道需要隱藏，僅在必要時表達嗎？

【答】並不是說，我故意隱藏它，到必要時才表達出來，而是平常沒有表達的必要。平常在世界上，王牌到處亮，宣稱要做聖人，人家看了嚇一跳，不知道怎麼跟我來往了。許多事情是提供一些條件，讓我們生活往來，跟別人自在相處，而王牌只有在關鍵的時刻才要展示。譬如說到了這個時候不出王牌的話，我就放棄我的理想了，我就失敗了，於是這個時候再亮出來。人生很多時候是以自然的方式在生活。一個社會像一部機器一樣，發電之後，有一個運作的方式，我們就順著它走下去，但是不要迷失自己，永遠要清醒地記得，什麼是我真正所要的，真正所追求的。那就是與王牌有關的東西。在遇到關鍵考驗的時候，就要亮出王牌。平常沒有什麼好亮的，為什麼？社會生活總是按照一種大家妥協、可以接受的簡單方式在進展；但是做為一個人，只有如此是絕對不夠的，遲早我會發現，如何在生命的「量」裡面使生命的「質」增加，這是人生的首要任務。如何使生命的「質」增加呢？是讓我在這一生裡面有更多時候，以清醒的意識與追求的意志，使我做的生命每一次決定都是我真正要的，這種決定將會構成生命的不同場景。在反省這一生的時候，會發現真正全力以赴去決定的事情，對我來說就像一座山峰，永遠不會離開我的視線。如果都是跟著別人走的話，就像一個平坦的原野，或是「船過水無痕」，沒有痕跡留下來，最後會覺得這一生不太值得。所以生命的質勝於生命的量，意義就在這裡。我們如果思考過這些問題，就可以把自己的王牌保留著，讓自己在重要的時刻，或在自己所製造的重要的時刻表現出來。一個人活得踏不踏實，要從這個方面來設法了解。

傅佩榮作品集 15

最後一張王牌
—尋求靈魂的現代人

作者　傅佩榮
責任編輯　張晶惠
創辦人　蔡文甫
發行人　蔡澤玉
出版發行　九歌出版社有限公司
臺北市105八德路3段12巷57弄40號
電話／02-25776564・傳真／02-25789205
郵政劃撥／0112295-1
九歌文學網　www.chiuko.com.tw
印刷　晨捷印製股份有限公司
法律顧問　龍躍天律師・蕭雄淋律師・董安丹律師
初版　2016年12月
（本書曾於1989年由財團法人洪建全教育文化基金會印行）
定價　280元

書號　0110815
ISBN　978-986-450-056-7（平裝）

國家圖書館出版品預行編目資料

最後一張王牌—尋求靈魂的現代人 / 傅佩榮著. -- 初版. -- 臺北市 : 九歌, 2016.12

面 ; 公分. -- (傅佩榮作品集 ; 15)

ISBN 978-986-450-056-7（平裝）
1.人生哲學
191.9　105020513